Das Rad in der Maschine

Handbuch der mechanischen Philosophie

Patrice Leiteritz

Bibliografische Information der Deutschen Nationalbibliothek:
Die Deutsche Nationalbibliothek verzeichnet diese Publikation
in der Deutschen Nationalbibliografie; detaillierte bibliografische
Daten sind im Internet über http://dnb.dnb.de abrufbar.

Herstellung und Verlag: BoD – Books on Demand, Norderstedt

ISBN: 978-3-7526-6713-4

Covergestaltung:
Idee – Andreas Herold und Patrice Leiteritz,
Umsetzung – Andreas Herold

Ich widme dieses Buch
meiner lieben Frau Christina.

Inhalt

1 Vorwort

Die mechanische Philosophie ist eine Weltanschauung, die auf der Anwendung mechanischer Wirkprinzipien auf alle bekannten Prozesse und Ereignisse basiert. Materie (bzw. Energie) ist der einzige Stoff im Universum und alles Vorhandene entspringt aus diesem Grundstoff. Dies gilt auch für das menschliche Bewusstsein sowie alles Geistige und Emotionale. Gleichzeitig wirken alle Kräfte im Universum auf eine bestimmte, unabänderliche Art aufeinander und erzeugen eine ununterbrochene Kette von Ereignissen. Die Regeln dieses Zusammenwirkens werden schließlich durch die Naturgesetze bestimmt, denen sich nichts und niemand entziehen kann.

Die in diesem Buch dargelegten Ideen wurden zuvor bereits von zahlreichen Philosophen auf der ganzen Welt formuliert. Einige davon sind nahezu so alt wie die Disziplin der Philosophie selbst, andere stammen von zeitgenössischen Autoren. Dennoch soll hier bewusst auf exakte Zitate und Verweise auf andere Werke verzichtet werden, da diese nichts zum Informationsgehalt der Ideen selbst beitragen. Die vorgestellten Konzepte sprechen dagegen für sich und sollen als Teil eines logisch konstruierten, philosophischen Gesamtsystems betrachtet werden. Aus diesem Grund ist es keine Überraschung, dass in den einzelnen Abschnitten dieses Buches zahlreiche thematische Überschneidungen vorkommen. Verweise auf andere Einträge, die über themenverwandte Inhalte verfügen, werden über einen Pfeil nach rechts (→) vor dem jeweiligen Titelbegriff dargestellt. Anstatt grundlegend neue Erkenntnisse zu präsentieren, sollen hier stattdessen die wichtigsten Informationen zur mechanischen Philosophie so präzise und konzentriert wie möglich dargelegt werden. Dabei soll auch der Blick auf ihre praktische Anwendung im Alltag des Menschen nicht zu kurz kommen.

Den Anstoß für dieses Buch gab – neben der intensiven Auseinandersetzung mit den Themen Materialismus und Determinismus sowie den daraus möglichen Schlussfolgerungen – nicht zuletzt der aktuelle Zeitgeist der Wissenschaftsfeindlichkeit und Esoterik in Teilen der Bevölkerung. Viele Menschen flüchten sich in imaginäre Traumwelten und werfen dabei die Grundbegriffe der Vernunft und Logik über Bord. Die Folge ist fehlendes Verständnis des eigenen Ichs und der Umwelt, was wiederum Verwirrung und Leid nach sich ziehen kann. Anstatt das Wahre vom Falschen zu trennen und so zu echter Einsicht zu gelangen, schenken manche Menschen den absurdesten Theorien blindlings Glauben und richten im Extremfall ihr ganzes Leben danach aus.

Natürlich wäre das noch wenig bedenklich, wenn es sich nur um den einzelnen Menschen selbst handeln würde. Doch im schlimmsten Fall dehnt sich der Irrglaube und dessen negative Folgen auch auf Mitmenschen, darunter Freunde, Bekannte oder auch die eigenen Kinder aus. Insbesondere letztere können sich gegen diesen Einfluss nicht wehren.

Pseudo- und Alternativmedizin richtet – ausschließlich eingesetzt – bereits heute großen Schaden an, indem sie die Menschen davon abbringt, sich impfen zu lassen und ihnen wirkungslose Behandlungen für teils tödliche Krankheiten wie zum Beispiel Krebs empfiehlt. Allein die Homöopathie hat sich mittlerweile zu einem Millionengeschäft entwickelt, und das ohne nachweisbare Wirkung jenseits des Placeboeffekts!

Doch auch wenn die Medizin sehr unter dem Einfluss von falschen Überzeugungen leidet, ist es nicht der einzige Bereich des menschlichen Lebens, der durch den Aberglauben belastet wird. Sobald sich Moralvorstellungen und soziale Verhaltensregeln auf willkürlich hergeleitete Begründungen stützen, erhöht sich damit die Chance, dass sie der Natur entgegenstehen. Wann immer eine solche Situation eintritt, entstehen unauflösbare Spannungen

zwischen der menschlichen Biologie und den anerzogenen „Tugenden" des jeweiligen Wertesystems.
Ohne jeden Zweck und ohne zu wissen, dass sie es
gar nicht *müssten*, leiden zahllose Menschen unter
dem Gegensatz zwischen ihren naturgegebenen Instinkten und einer willkürlichen Vorstellung von
→Gut und Böse. Gleichzeitig kommt es in vielen
Teilen der Welt zur Verfolgung und Bestrafung von
grundsätzlich harmlosen Verhaltensweisen. Im Gegensatz dazu kann ein nüchterner Blick auf die
Welt, der im Einklang mit den Naturgesetzen steht,
wesentlich zur Freude und Gelassenheit des Menschen beitragen.

Der Titel dieses Werkes bezieht sich auf Menschen,
auf Tiere und überhaupt auf alle anderen Objekte:
sie alle sind winzige Räder in der großen Maschine
des Universums.

2 Grundannahmen

Wie im Vorwort bereits angesprochen wurde, können die Grundannahmen dieser Interpretation der
mechanischen Philosophie mit wenigen Stichworten
zusammengefasst werden. Diese sind: a) der ausschließlich materialistische Aufbau des Universums
(Materialismus), b) das strikt deterministische Verhalten all seiner Objekte (Determinismus), sowie c)
die universelle Gültigkeit des Prinzips von Ursache
und Wirkung (das Kausalitätsgesetz). Dies sind die
Grundlagen, auf die sich die komplette Philosophie
stützt und auf deren Basis weitere Schlussfolgerungen gezogen werden können. Aufgrund der großen
Bedeutung dieser Thesen ist eine nähere Betrachtung ihrer Aussagen angebracht.

2.1 Materialismus

Der Materialismus besagt, dass alle Objekte und Erscheinungen im Universum letztlich auf die unterschiedlichen Ausprägungen von Materie und ihren

Interaktionen zurückzuführen sind. Dies schließt auch Energie (kinetische, chemische, elektrische usw.) ein, da Materie in Energie umgewandelt werden kann und umgekehrt. Das bedeutet, dass es sich dabei lediglich um zwei Erscheinungsformen derselben Sache handelt. Wie Materie auch, lässt sich Energie messen und somit wissenschaftlich erfassen. Der Materialismus ist das Gegenstück zum Idealismus, der den Ursprung aller Realität im Geistigen bzw. in Ideen sieht.

Während der Materialismus das Bewusstsein des Menschen als ein Ergebnis seiner materiellen Existenz betrachtet, leitet der Idealismus umgekehrt die Materie vom Geist ab. Beide Standpunkte sind sich jedoch in der Hinsicht einig, dass jeweils das eine dem anderen untergeordnet ist, und dementsprechend aus ihm hervorgegangen sein muss. Diese Position wird als *Monismus* bezeichnet. Die gegenteilige Sichtweise, nach der beide Erscheinungen gleichberechtigt nebeneinander existieren, nennt man dagegen *Dualismus.*

In der mechanischen Philosophie ist Materie (beziehungsweise Energie) der Ursprung jeglicher Existenz, sie geht also von einem materialistischen Monismus aus. Wichtig für die Philosophie ist die Erkenntnis, dass hypothetische Erscheinungen, die keinen wissenschaftlich erklärbaren Hintergrund besitzen, nicht existieren und auch keinen Einfluss auf den Menschen haben können. Dies führt zum (wenigstens agnostischen) Atheismus und zu einer kritischen Haltung gegenüber allen sonstigen nicht hinreichend erfahrbaren Phänomenen.

2.2 Determinismus

Der Determinismus (lat. determinare = festlegen bzw. begrenzen) ist eine philosophische Annahme, die alle Ereignisse als unausweichlich betrachtet. Alles was geschieht, ist aufgrund der vorausgehenden Ausgangsbedingungen bereits eindeutig festgelegt. Das heißt, alle Ereignisse im Universum sind wie Dominosteine in einer langen, weit verzweigten Kette, die sich ohne äußere Einflussnahme dauerhaft in Bewegung befindet. Jeder fallende Dominostein wirft einen oder mehrere andere Steine um, so wie auch ein Ereignis das nächste auslöst. Dies beinhaltet nicht nur Vorgänge der unbelebten Natur, sondern auch die Handlungen aller Tiere und des Menschen.

Daraus lässt sich bereits eine wichtige Folge des Determinismus ableiten: die Nichtexistenz der →Willensfreiheit. Das besondere Merkmal des Determinismus ist das →Kausalitätsgesetz, also der Zusammenhang zwischen Ursache und Wirkung, welcher als einzige Begründung der Ereignisse herangezogen wird. Somit ließen sich alle Geschehnisse *theoretisch* bis auf den Urknall (und möglicherweise darüber hinaus) zurückverfolgen und basieren auf den uns bekannten und unbekannten Naturgesetzen. Es ist allerdings sehr wichtig festzustellen, dass nicht die tatsächliche oder selbst die theoretische Vorhersagbarkeit eines Ereignisses ausschlaggebend dafür ist, ob es determiniert ist oder nicht. Anders ausgedrückt, sind Ereignisse auch dann eindeutig und unveränderlich determiniert, wenn sie weder jetzt noch jemals in der Zukunft vorhergesagt werden können. Trotz aller technischen Fortschritte hat die menschliche Erkenntnisfähigkeit Grenzen und dementsprechend wird die Menschheit mit größter Wahrscheinlichkeit nie dazu in der Lage sein, alle Ereignisse mit absoluter Genauigkeit vorherzusagen.

Umgekehrt betrachtet, ist ein „nicht-determiniertes" Ereignis in der Praxis nur schwer vorstellbar. Der Grund dafür liegt nicht nur in der Tatsache, dass wir es gewohnt sind, dass alles, was passiert, durch bestimmte Vorgänge verursacht wird. Auch andere Gründe sprechen gegen die Existenz nicht-determinierter Ereignisse. Konkret handelt es sich hier um Ereignisse, die in ihrem Ablauf eben *nicht* durch ihre

Ausgangsbedingungen abschließend bestimmt werden. Ein nicht-determiniertes Ereignis kann (gemäß seiner Definition) vor seinem Eintreten *keinerlei* Beziehung zu einem Objekt oder Vorgang im Universum haben, denn ansonsten müsste bereits davon ausgegangen werden, dass ein Abhängigkeitsverhältnis besteht und das in Frage stehende Ereignis durch bestimmte Ausgangsbedingungen beeinflusst (d.h. determiniert) wird. Das würde jedoch bedeuten, dass diese Ereignisse weder an Zeit noch Raum gebunden sind. Wenn man von der Existenz nicht-determinierter Ereignisse ausgeht, dann ist es natürlich nicht undenkbar, dass andere Ereignisse wiederum durch sie beeinflusst werden.

Allerdings ergeben sich daraus neue Probleme, da es sich hierbei um ein *objektiv* chaotisches Phänomen handeln muss. „Objektiv chaotisch" beschreibt hierbei einen Prozess, der tatsächlich – und nicht nur scheinbar – ungeordnet abläuft (dazu später mehr). Wenn nicht-determinierte Ereignisse einen

Einfluss auf andere Vorgänge ausüben würden, dann geschähe dies vollkommen unberechenbar. Niemand könne jemals das Eintreten eines nicht-determinierten Ereignisses voraussehen und eine Wiederholung eines Experiments, welches ein solches Ereignis mit einschließt, wäre nahezu unmöglich. Wenn also nicht-determinierte Ereignisse, die einen Einfluss auf Abläufe in unserem Universum haben können, ein übliches Vorkommnis wären, dann hätte dies potenziell katastrophale Auswirkungen auf jede Tätigkeit, die ein hohes Maß an Präzision verlangt. Wenn nicht-determinierte (und damit definitiv unvorhersehbare) Ereignisse beispielsweise in Prozessen der Raumfahrt oder beim Betrieb von Atomkraftwerken eine Rolle spielen würden, dann wären selbst perfekte Berechnungen nutzlos und könnten den Menschen nicht vor dem Scheitern bewahren.

Ein wesentliches Gegenargument setzt noch viel grundlegender an: Für die Beeinflussung von Objekten im Universum in irgendeiner Form (z.B. Bewegung oder Erwärmung) wird immer Energie benötigt. Das gilt demnach auch für nicht-determinierte Ereignisse, sofern ihnen die Möglichkeit der Einflussnahme auf Objekte zugeschrieben wird. Könnten sie das nicht, wären sie hingegen vollkommen ohne Belang, da ihr Eintreten keinerlei Auswirkungen hätte. Es stellt sich jedoch die Frage, wie ein Ereignis, das buchstäblich aus dem Nichts entsteht und unabhängig von Zeit und Raum eintritt, über die notwendige Energie verfügen soll, ein Objekt im Universum auf irgendeine Weise zu beeinflussen.

Dies wäre nur denkbar, wenn das Ereignis über eine eigene Energie verfügt, die jedoch gleichzeitig mit dem Ereignis selbst entstanden sein muss. Wenn also ein nicht-determiniertes Ereignis beispielsweise dazu führen soll, dass sich ein Fenster schließt, woher käme die notwendige Energie für diese Bewegung? Wenn dagegen ein Windstoß die Ursache wäre, dann beantwortet sich die Frage von selbst. Doch für den Windstoß gibt es ebenfalls Ursachen, die ihn mit Energie ausstatten.

Bei einem nicht-determinierten Ereignis fehlt hingegen eine Energiequelle. Die Beeinflussung von Objekten durch nicht-determinierte Ereignisse würde somit dem *Energieerhaltungssatz* widersprechen, der besagt, dass Energie zwar in verschiedene Formen umgewandelt, jedoch niemals erschaffen oder vernichtet werden kann. Auf der Basis dieser Überlegungen lässt sich ableiten, dass die Existenz von nicht-determinierten Ereignissen zwar nicht mit Bestimmtheit ausgeschlossen werden kann, aber auch nicht notwendigerweise in Betracht gezogen werden sollte.

Wie der Materialismus kommt auch der Determinismus ohne Götter, höhere Mächte oder sonstige übernatürliche Wesen aus, die einen steuernden Einfluss ausüben. Dies unterscheidet den Determinismus auch von scheinbar ähnlichen philosophischen Positionen wie dem Fatalismus.

Der Fatalismus geht zwar auch von einem festgelegten Ablauf der Geschichte aus, sieht dafür jedoch das →Schicksal (lat. fatum = Schicksal) als Ursache, und nicht die Naturgesetze. Dieses Schicksal wird für alles Belebte und Unbelebte von einer universellen Instanz bestimmt, welche die Rolle der zentralen Ursache für alle Ereignisse einnimmt. Das Vorhandensein einer Instanz (in Form einer Gottheit oder unpersönlichen Macht) lässt den Glauben an einen →Sinn des Lebens, beziehungsweise einer höheren Bedeutung der Ereignisse logischer erscheinen als eine wertneutrale, deterministische (und damit „automatische") Fügung nach den Naturgesetzen. Die dem Determinismus entgegengesetzte Position wird als *Indeterminismus* bezeichnet und betrachtet sowohl die oben beschriebenen nichtdeterminierte Ereignisse als auch echte →Zufälle als real.

Im Determinismus gleicht das Leben der Menschen einem fertigen Film. Das Ende und der gesamte Verlauf stehen bereits fest, noch bevor die ersten fünf Minuten vergangen sind und die Spannung des Erlebens beruht einzig und allein auf der Unwissenheit gegenüber den Ereignissen, die noch kommen werden. Ob im Film oder im Leben: Der Mensch spielt lediglich seine Rolle, die ihm durch sein Drehbuch, beziehungsweise durch seine Natur, gegeben ist.

2.3 Das Kausalitätsgesetz

Das Kausalitätsgesetz (lat. causa = Ursache) besagt, dass jedes Ereignis (d.h. jede Wirkung) eine Ursache haben muss. Nichts kann geschehen, ohne nicht zuvor durch ein anderes Ereignis ausgelöst worden zu sein. Es ist allerdings möglich, dass eine bestimmte Wirkung von unterschiedlichen Ursachen ausgelöst wird.

Beispielsweise kann ein Baum durch einen Blitzschlag oder durch eine Säge zu Fall gebracht werden. Die Natur der Ursache hat auf die vereinfacht betrachtete Wirkung (den Fall des Baumes) keine Auswirkung, da diese in beiden Situationen eintritt. Außerdem kann eine bestimmte Ursache nicht nur zu einer einzelnen, sondern auch zu mehreren Wirkungen führen. Um bei dem oben genannten Beispiel zu bleiben, kann der Blitz neben dem Fall des Baums auch ein Feuer auslösen. Wirkungen werden in ihrem Verlauf zu neuen Ursachen und lösen somit neue Wirkungen aus. Dies wird dann als Kausalkette bezeichnet. Der Blitz, der seine Ursache in der elektrostatischen Aufladung in den Wolken hat, bringt einen Baum zu Fall, der wiederum auf ein Gebäude stürzt und es beschädigt.

Dabei ist jedoch zu beachten, dass *ein und dieselbe* Ursache *niemals* zu einem anderen Ergebnis führen könnte, als sie es tatsächlich tut. Ihre Wirkung ist durch die Naturgesetze vorgegeben und eindeutig bestimmt. Wenn dies scheinbar doch geschieht, dann handelt es sich nur oberflächlich betrachtet um dieselbe Ursache. Ein Blitz fällt einmal einen Baum und ein anderes Mal bleibt der Baum stehen. Widerlegt diese Beobachtung das Kausalitätsgesetz? Das ist nicht der Fall, da es sich hier um zwei unterschiedliche Situationen handelt, die verschiedene Ausgangssituationen aufweisen. Die Stärke des Blitzes sowie die Größe, der Zustand und das Alter des Baumes in Kombination mit vielen weiteren Faktoren spielen hier eine Rolle und beeinflussen das Ergebnis dieses Vorgangs. Die Wirkung ist eine andere, weil vollkommen andere Ausgangsbedingungen vorlagen.

Gleichzeitig besteht eine absolute Notwendigkeit für alle kausalen Zusammenhänge, d.h. eine bestimmte Ursache *muss* stets die dazugehörige Wirkung auslösen. Hier gibt es keinen Spielraum für Variationen. Allerdings können natürlich andere Ursachen, die in der jeweiligen Situation zusätzlich wirken, das Ergebnis verändern. Die mechanische Philosophie geht davon aus, dass alle Ereignisse im Universum Bestandteile großer Kausalketten sind. Diese Verbindung ist jedoch ausschließlich auf die Wirkungsweise der Naturgesetze zurückzuführen.

In der Praxis kann es bei der Betrachtung von Ursachen und Wirkungen sehr leicht zu Fehleinschätzungen kommen. Wenn bestimmte Ereignisse statistisch häufig nacheinander (beziehungsweise gemeinsam) auftreten, deutet diese Beziehung – die auch als Korrelation bezeichnet wird – nicht notwendigerweise auch auf einen kausalen Zusammenhang zwischen den Ereignissen hin. Möglicherweise geht jemand regelmäßig in die Kirche und betet für die Genesung eines Verwandten von einer schweren Krankheit. Wenn der Kranke schließlich gesund wird, dann könnte – aufgrund des Ablaufs beider Vorgänge – ein kausaler Zusammenhang angenommen werden. Ein Mensch wurde demnach geheilt, weil jemand anderes Gott darum gebeten hat.

Selbstverständlich war hier nicht das Gebet die wahre Ursache für die beobachtete Wirkung, sondern die tatsächliche Behandlung der Krankheit. Fälschlicherweise wurde hier jedoch ein Sachzusammenhang hergestellt, der objektiv nicht existiert.

Bei dem (auch vermeintlich) gemeinsamen Auftreten von Ereignissen können zusätzlich die Rollen von Ursache und Wirkung vertauscht werden. Vielleicht macht übermäßiger Alkoholkonsum die Menschen nicht unglücklich, sondern eventuell sind es gerade unglückliche Menschen, die dazu neigen, mehr Alkohol zu trinken und letztlich Alkoholiker zu werden. Dies sind vereinfachte Beispiele, die lediglich die Struktur dieser Probleme darlegen sollen. Die Realität ist immer wesentlich komplexer als derartige Abstraktionen. Grundsätzlich ist die Gefahr allerdings groß, Opfer eines Fehlschlusses zu werden, wenn vermutete Kausalzusammenhänge nicht hinreichend hinterfragt werden. Darum gilt im Grundsatz: Die Korrelation (lat. correlatio = Wechselbeziehung) zwischen bestimmten Ereignissen ist nicht automatisch mit einem Kausalitätsverhältnis gleichzusetzen.

3 Schlussfolgerungen

Auf der Basis der zuvor dargelegten Grundbegriffe und deren inhaltlichen Aussagen lässt sich nun ein untereinander verbundenes Netz von Schlussfolgerungen ableiten. Diese betreffen unter anderem die Sicht auf den Menschen und seine Entstehung, das Leben, das Verständnis von Moral, sowie die Wirkungsweise von psychischen Prozessen.

3.1 Ordnung und Chaos

Der Begriff *Chaos* bezieht sich sowohl auf statische Zustände, als auch auf dynamische Prozesse. Diese Wahrnehmung tritt immer dann ein, wenn eine Situation von einer bestimmten Vorstellung abweicht (statisch) oder wenn die tatsächliche Interaktion von Objekten nicht der durch Erfahrung gewonnenen Erwartung entspricht (dynamisch). Im letzteren Sinne beschreibt das Chaos nur den *Eindruck* eines nicht-determinierten Ablaufs der Ereignisse, jedoch nicht das tatsächliche Fehlen kausaler Ursachen. Es handelt sich also um eine von der individuellen Wahrnehmung abhängigen Erfahrung ähnlich des →Zufalls. Der Grund dafür liegt einerseits in der mangelnden Erkenntnisfähigkeit des Menschen, andererseits in der Tatsache, dass bereits kleine Veränderungen in einem Ablauf zu erheblichen Auswirkungen führen können und das Ergebnis dieses Ablaufs somit möglicherweise wesentlich verändern.

Solange der Mensch glaubt, er hätte alle Faktoren eines bestimmten Vorgangs in Betracht gezogen, wird ihm ein von seinen Erwartungen abweichendes Ergebnis immer als chaotisch und unbestimmbar erscheinen. Tatsächlich laufen aber auch diese Prozesse streng determiniert ab und lassen keinen Raum für Variationsmöglichkeiten. Chaos im statischen Sinne stützt sich dagegen nur auf die persönliche Definition des Beobachters. Es handelt sich um ein rein subjektives Urteil. Im objektiven Sinne kann weder Chaos noch Unordnung existieren, weil dies einen Verstoß gegen die Naturgesetze zur Folge hätte. Somit ist ausnahmslos *jeder* Vorgang ein Ausdruck der natürlichen Ordnung. Ob das jeweilige Ereignis auch den persönlichen Vorstellungen der Menschen entspricht, ist dagegen eine vollkommen andere Frage.

Ein Vogel, der auf einem Ast sitzt und eine Straßenkreuzung beobachtet, wird sich sehr wahrscheinlich nicht bewusst darüber sein, dass die für ihn unerklärlichen Bewegungen der Fahrzeuge einer klar definierten Ordnung folgen. Weil er nicht fähig ist, sie zu erfassen, erkennt der Vogel nur das *Produkt* der Ordnung, d.h. die reibungslos passierenden Fahrzeuge, jedoch nicht die Ordnung selbst, ihren Ursprung oder ihre Funktionsweise. Der Mensch hingegen ist in der Lage, den Ablauf dieser Ereignisse zu verstehen und auf ihre Ursache zurückzuführen. Er versteht die Aussage der Verkehrszeichen und weiß, wie diese das Verhalten der Fahrer beeinflussen. Somit ist es dem Menschen sogar möglich, die zu erwartenden Ereignisse vorweg zu nehmen und dementsprechend vorherzusagen. Selbstverständlich gibt es wiederum eine Vielzahl an Prozessen, die der Mensch nicht hinreichend versteht und für die er keine Erklärung findet. Auch wenn es (noch) nicht bewiesen werden kann, liegt in diesem Fall die Vermutung nahe, dass es auch hier einen verborgenen Mechanismus gibt.

3.2 Zufall

Der Mensch spricht immer dann von einem Zufall, wenn kein kausaler Zusammenhang zwischen den Ereignissen hergestellt werden kann. Dieses Konzept ist nicht mit dem Grundsatz des Determinismus vereinbar, nach dem das Universum vielmehr einer perfekten Maschine gleicht, welche unaufhörlich nach starren Gesetzen arbeitet und alternativlose Ergebnisse produziert. Diese bilden wiederum die

Grundlagen und Ursachen für nachfolgende Ereignisse. Dies ist mit einer unausweichlichen Ordnung gleichzusetzen, welche ausschließlich vom kausalen Prinzip und den Naturgesetzen beherrscht wird. Der Mensch hätte den Begriff Zufall jedoch nicht geschaffen, wenn er nicht bekannte und häufig auftretende Zustände beschreiben würde.

Der *Eindruck* des Zufalls bezieht sich ausschließlich auf die Wahrnehmung des Menschen. Darüber hinaus ist dieser Begriff jedoch bedeutungslos, da keine objektiven Zufälle existieren können. Eine Situation, in der ein Zufall beobachtet werden kann, läuft auf einen Zustand unvollständigen Wissens hinaus, da der Determinismus keine Beliebigkeit zulässt. Nur weil die Ursachen für ein bestimmtes Ereignis nicht erkannt werden können, bedeutet das nicht, dass der Zusammenhang objektiv nicht existiert. Gleichzeitig darf man nicht plötzlich zur gegenteiligen Schlussfolgerungen greifen und hinter den Ereignissen eine (ggf. göttliche) Fügung vermuten.

Siehe dazu auch den Abschnitt über das →Schicksal.

Ein Würfel wird in zahlreichen Spielen als einfacher Zufallsgenerator eingesetzt. Bei näherer Betrachtung enthüllt sich jedoch seine deterministische Natur. Vergleicht man ein einfaches Würfelspiel (ohne Spielzüge mit Ausnahme des Würfelns selbst) mit einem Dartspiel, dann hängt das Ergebnis des Dartspiels vom Geschick, das des Würfelspiels jedoch scheinbar vom Glück des Spielers ab. Warum?

Der Dartspieler kann durch Training eine messbare Verbesserung seiner Treffgenauigkeit erreichen und somit durchschnittlich besser spielen als andere. Der Pfeil lässt sich zielgerichtet auf bestimmte Bereiche der Dartscheibe lenken. Ein Würfelspieler hingegen kann nicht trainieren. Das Ergebnis des Wurfes ist vermeintlich nicht abhängig von der Technik. Das ist allerdings nicht korrekt. Tatsächlich unterscheiden sich beide Spiele in dieser Hinsicht nicht voneinander. Der Mensch ist aufgrund seiner körperlichen Einschränkungen nur nicht in der Lage, den Würfel zielgerichtet zu beeinflussen. Obwohl also das Ergebnis des Wurfes einzig durch den Spieler bestimmt werden kann, hat dieser keine Möglichkeit, es zu seinen Gunsten zu manipulieren. Somit ist das Würfelspiel nicht abhängig von Glück oder Zufall (wobei beide Begriffe nur die Wahrnehmung beschreiben), sondern – wie das Dartspiel – vom Einfluss des Spielers.

Die Zufälligkeit ist lediglich eine Illusion, die sich aus der Unbeeinflussbarkeit des Ereignisses ergibt. Gleichermaßen verhält es sich mit allen anderen Ereignissen, welche nicht vom Menschen exakt nachvollzogen werden können. Immer wird das Eintreffen eines Ereignisses mit Hilfe des Zufalls begründet, obwohl die wahre Ursache in der allgegenwärtigen kausalen Kette liegt, deren Zusammenhänge jedoch aufgrund ihrer Komplexität nicht erkannt werden können.

3.3 Wahrscheinlichkeiten

Bei Wahrscheinlichkeiten handelt es sich ebenfalls nur um ein Konzept, dass eine subjektive Wahrnehmung beschreibt. Unter Berücksichtigung des Determinismus gibt es für ein bestimmtes Ereignis lediglich zwei mögliche Zustände: Es tritt entweder ein oder nicht. Welche der beiden Alternativen der Wahrheit entspricht, steht aufgrund des unabänderlichen Ablaufs der Ereignisse zu jedem Zeitpunkt mit absoluter Sicherheit fest und ist nicht etwa erst nach Eintritt des Ereignisses abschließend definiert. Die genannten Wahrscheinlichkeiten sind Eindrücke gleich dem →Zufall, die ihren Ursprung im unvollkommenen Wissen des Menschen haben. Wenn für den Eintritt bestimmter Ereignisse nur Wahrscheinlichkeiten angegeben werden können, handelt es sich bei diesen Vorgängen möglicherweise ebenfalls um Prozesse, deren zugrundeliegende Struktur (noch) nicht vom Menschen erkannt wurde. Diese werden von ihm somit als zufällig wahrgenommen.

Aufgrund der zur Verfügung stehenden Daten lässt sich mit einer gewissen Sicherheit die Entwicklung des Wetters vorhersagen. Die Qualität der Prognose steht dabei in direktem Zusammenhang mit der Qualität und Quantität der Daten. Doch lässt eine solche Vorhersage in der Praxis keine absoluten Aussagen zu. Unter bestimmten Voraussetzungen wird die Niederschlagswahrscheinlichkeit also beispielsweise mit 65% angegeben, obwohl das Eintreffen des Ereignisses *objektiv* betrachtet nur die beiden Optionen 100% oder 0% zulässt.

Wären die Meteorologen allwissend, ließen sich die Wetterereignisse mit absoluter Sicherheit vorhersagen. Absolute *Unwissenheit* hingegen resultiert – nicht nur bei der Prognose des Wetters – immer in einer Wahrscheinlichkeit von 50%. Verzichtet man also selbst auf die Einbeziehung des grundlegendsten Wissens eines Menschen, so muss man beispielsweise auch von einer 50%igen Chance ausgehen, dass die Erde am morgigen Tag spontan explodiert. Da wir jedoch wissen, dass diesem Ereignis die Ursache fehlt, betrachten wir die Wahrscheinlichkeit dessen Eintritts als verschwindend gering und behalten damit auch Recht. Umgekehrt wäre niemand überrascht, wenn morgen die Sonne aufgeht oder ein Apfel auf den Boden fällt.

Beide Situationen sind leicht nachvollziehbar und ihr Eintreten ist gewiss. Darum wird hier nicht von Wahrscheinlichkeiten gesprochen. Doch je schlechter der Mensch die kausale Kette hinter einem Ereignis nachvollziehen kann, desto unzuverlässiger ist die Vorhersage dieses Ereignisses. Ohne absolute Gewissheit ist aus praktischer Sicht nur die Angabe einer Eintrittswahrscheinlichkeit möglich.

3.4 Natürlichkeit und Unnatürlichkeit

Die Natur wird durch den Menschen oftmals als eine Art bewusst agierendes Wesen dargestellt und teilweise sogar als ein Ersatz für einen personifizierten

Gott wahrgenommen. Dies wird auch in der Art und Weise deutlich, wie einige Menschen über die Natur reden. Aussagen wie „die Natur hat dem Lebewesen X eben diese körperlichen Eigenschaften gegeben, um es ideal an seine Umgebung anzupassen" und „die Natur reguliert den Bestand von Lebewesen Y mittels seiner Fressfeinde" deuten darauf hin, dass die Evolution (als Werkzeug der Natur) zielgerichtet agiert und einen eigenen „Willen" besitzt. Dies ist jedoch unlogisch, da es sich bei dieser scheinbar intelligenten Herangehensweise lediglich um das Resultat der Naturgesetze handelt.

Ein Lebewesen ist nicht deshalb gut an seine Umwelt angepasst, weil es von einer höheren Intelligenz (bzw. der „Natur") aktiv erschaffen wurde, sondern weil es gegenüber anderen Lebewesen aufgrund seiner vorteilhaften Eigenschaften überlebt hat und diese an seine Nachkommen vererben kann. Mutationen und sonstige Abweichungen von der Norm in Bezug auf Aussehen, Psyche und körperlichen Fähigkeiten sind zahlreich und können sich positiv, negativ oder neutral auf die Überlebensfähigkeit und Fruchtbarkeit der Lebewesen auswirken. Diese Variationen können sich sogar (wie im Fall der blauen Augenfarbe bei Menschen) zu einem weit verbreiteten Merkmal entwickeln.

Ebenso gibt es nicht deshalb Leben auf der Erde, weil der Planet mit all seinen Eigenschaften eigens für diesen Zweck geschaffen wurde, sondern gerade weil auf der Erde alle Voraussetzungen versammelt waren, welche die Herausbildung allen bekannten Lebens zur unausweichlichen Konsequenz werden ließen. Diese Unterscheidung ist wichtig, um auch hier nicht die Ursache mit der Wirkung zu vertauschen.

Die Unterscheidung zwischen natürlichen und künstlichen Dingen beruht auf willkürlichen Kriterien. Der Mensch hat das Reich der Natur nie verlassen und kann somit nichts erschaffen, was nicht auch selbst als natürlich zu definieren ist. Soll zwischen den Kategorien „natürlich" und „unnatürlich" (oder gar „widernatürlich") unterschieden werden, sieht man sich schnell mit einem Abgrenzungsproblem konfrontiert. Wenn ein von Menschen errichteter Staudamm aus Stahl und Beton seinen Ursprung nicht in der Natur hat, trifft dies dann auch auf einen Biberdamm zu? Wenn eine Angelrute ein künstliches Objekt ist, handelt dann auch ein Affe unnatürlich, der mit einem Zweig Ameisen aus einem Ameisenhaufen holt? Wenn eine neue Tomatensorte mit dem Werkzeug der Genmanipulation geschaffen wird, werden die meisten Menschen von einem unnatürlichen Vorgang sprechen. Doch um was handelt es sich, wenn eine Mutation dazu führt, dass ein Tier plötzlich ein schneeweißes anstelle eines braunen Fells hat?

Diese Fragen verdeutlichen die Tatsache, dass alles, was existiert, ein Teil der natürlichen Welt ist. Möchte man die Trennung dennoch aufrecht erhalten, handelt es sich einen oberflächlichen und substanzlosen Unterschied. Das Scheinargument der „Widernatürlichkeit" einer bestimmten Handlung oder Sache wird dagegen gern dazu benutzt, um eigene Ideal- und Moralvorstellungen zu begründen. Durch diese „Berufung auf die Natur" wird einerseits suggeriert, dass die vermeintliche Naturnähe einer bestimmten Sache ein positives Qualitätsmerkmal *in sich* ist, andererseits, dass man Natürliches von Unnatürlichem trennen könnte.

Wie bereits gesagt, handelt es sich hier um Annahmen, die allein von der Wahrnehmung des einzelnen Menschen abhängen. Sie besitzen keine universelle Gültigkeit und sind stattdessen bloße Bewertungen, die zur Bildung von Vorurteilen missbraucht werden.

3.5 Belebte und unbelebte Materie

Lebewesen und unbelebte Objekte werden als Gegensätze wahrgenommen. Tatsächlich handelt es sich aber bei der Summe der Eigenschaften, die wir als Leben definieren, lediglich um eine Funktion der Materie. Wie im Eintrag zu →Mensch und Tier formuliert, kann man die vorgenommene Schlussfolgerung, also die Gleichsetzung von Menschen und Tieren, auch erweitern. Der Mensch ist wie eine Pflanze, die nach einem vorgegebenen Muster keimt, wächst, blüht, Früchte trägt und abstirbt. Nur unterscheiden sich Menschen zu stark voneinander und die Prozesse sind zu komplex, als dass wir die zugrundeliegenden Gesetzmäßigkeiten erkennen könnten.

Lebewesen im Allgemeinen sind weniger als autonome Einheiten zu betrachten, welche sich selbstbestimmt durch die Welt bewegen, sondern vielmehr als Anhäufungen von Materie, die auf dieselbe Weise den Naturgesetzen unterworfen sind wie ein beliebiger Felsbrocken im Weltall. Streng genommen ist – aus deterministischer Perspektive – somit auch der Unterschied zwischen belebter und unbelebter Materie nicht annähernd so groß wie gemeinhin angenommen: Menschen verfügen lediglich über komplexere Mechanismen als Pflanzen. Und Pflanzen weisen wiederum eine stärker differenzierte Organisation als Steine auf.

Doch egal ob Mensch, Pflanze oder Stein: alles befindet sich im unveränderlichen Prozess, bestehend aus Ursache und Wirkung, dem sich nichts entziehen kann. Selbstverständlich muss man anerkennen, dass Tiere und Menschen (als Teil ihrer „zusätzlichen Funktionen") über die Fähigkeit zur Empfindung von Lust und Schmerz verfügen. Der Begriff „Lust" beschreibt hier im philosophischen Sinne allgemein den Zustand des positiven Empfindens. Dabei sind verschiedene Tiere – einschließlich des Menschen – unterschiedlich empfänglich für positive und negative Eindrücke. Die meisten Insekten empfinden keinen Schmerz, wohingegen komplexere Tiere zu sehr differenzierten Wahrnehmungen fähig sind. Der Menschen verfügt über eine sehr breit gefächerte, emotionale Dimension der Empfindung.

Diese Eigenschaft lässt eine große Bandbreite der positiven und negativen Empfindungen zu, die sich insbesondere aus dem Sozialverhalten ergeben. Obwohl also die menschliche Existenz auf naturwissenschaftliche Gesetzmäßigkeiten und Materie reduziert werden kann (und somit ohne eine übernatürliche Komponente auskommt) bildet die Natur selbst das Fundament für moralisches Handeln. Diese Moral verfügt jedoch über einen evolutionären Hintergrund und entfaltet jenseits der subjektiven Wahrnehmung des Menschen keine Gültigkeit (siehe auch →Die Natur der Moral).

3.6 Der Ursprung des Lebens

Die *chemische* Evolution ist eine Hypothese zur Entstehung des Lebens, nach der sich die ersten Lebewesen auf der Grundlage von organischen Molekülen bildeten, welche wiederum aus anorganischen Molekülen entstanden sind. Alle weiteren Lebewesen entstanden und entwickelten sich anschließend aus dem bereits vorhandenen Leben. Dies würde zur deterministisch-materialistischen Auffassung des Lebens passen.

Alle komplexen Eigenschaften, die wir mit Lebewesen verbinden, wären somit lediglich Nebeneffekte der chemischen, biologischen und physikalischen Vorgänge, die alles Leben schaffen und beherrschen. Zudem werden die Gefühle, die wir empfinden, durch Chemikalien in unseren Körpern ausgelöst und die Persönlichkeit des Menschen kann durch Operationen, Krankheiten oder Medikamente verändert werden. Trotzdem ist es an sich nicht verwunderlich, dass der Mensch bislang als ein (teilweise) von der Natur separiertes Wesen wahrgenommen wurde. Schließlich wird er in den Augen vieler nur in einem geringen Ausmaß von seinen verbliebenen tierischen Instinkten und Trieben regiert und ist zum Treffen eigener, komplexer Entscheidungen fähig. Tatsächlich ist es aber sehr schwer, eine scharfe Grenze zwischen Menschen, Tieren, Pflanzen und sogar unbelebter Materie zu ziehen (wie beschrieben).

Alle Eigenschaften, die den Menschen zu dem Wesen machen, das er für uns ist, lassen sich anhand der Prinzipien des Determinismus und des Materialismus erklären. Mit der Widerlegung dieser humanen Kernelemente würde sich jedoch das bisherige Konzept „Mensch" auflösen und seine Bedeutung verlieren. Das Resultat wäre eine Betrachtung des Menschen nicht als einzigartiges Wesen, sondern als eine von vielen Manifestationen der universellen Ordnung, sozusagen als biologische Maschine oder fleischgewordenes Naturgesetz.

Davon abgesehen ist, wie bereits ausgeführt, der Begriff „Lebewesen" letztendlich auch nur ein Begriff, der über das Vorhandensein bestimmter Merkmale definiert wird. Viren und Bakterien treten im allgemeinen Sprachgebrauch häufig als Krankheitserreger auf, auch wenn es von beiden Gruppen auch Varianten gibt, die dem Menschen nützen. Interessant ist jedoch die Tatsache, dass Bakterien zu den Lebewesen gezählt werden, Viren jedoch nicht. Obwohl in beiden Fällen eine selbstständige Ausbreitung beobachtet werden kann, verfügt ein Virus nicht über einen selbstständigen Fortpflanzungsmechanismus oder Stoffwechsel und ist in beiderlei Hinsicht auf den Wirt angewiesen. Beide Fähigkeiten sind jedoch notwendige Voraussetzungen für die Einstufung als Lebewesen. Dennoch können sich Viren unter Zuhilfenahme eines Wirtsorganismus vermehren und unterliegen somit auch der Evolution. Diese Beispiel macht deutlich, wie leicht sich die Grenzen zwischen belebten und unbelebten Erscheinungen verwischen lassen.

3.7 Evolution

Pflanzen sind zwar Lebewesen, verfügen jedoch (soweit bekannt) über kein Bewusstsein. Doch auch wenn beispielsweise Willensentscheidungen für Pflanzen unmöglich sind, unterliegen ihr Dasein und ihre Evolution den gleichen Mechanismen wie etwa beim Menschen. Betrachtet man einen Apfelbaum, so haben die Eigenschaften seiner Bestandteile direkten Einfluss auf die Verbreitung und somit den Fortbestand der Baumart. Wohlschmeckende Früchte werden häufiger von Tieren gefressen und über deren Ausscheidungen über größere Entfernungen verteilt. Zusätzlich zur Verbreitung der Apfelsamen durch Fallobst in unmittelbarer Umgebung, ermöglicht dies eine erheblich größere Streuung. Sollten die Tiere die Früchte des Baumes jedoch ignorieren, breiten sich die Bäume automatisch auch weniger stark aus.

An dieser Entwicklung sind die Bäume selbst jedoch nicht aktiv beteiligt, da sie dazu nicht in der Lage sind. Hintergrund des Geschmacks und der Farbe der Früchte, welche jeweils die Aufmerksamkeit von Tieren erregen, ist keine „Strategie" im Sinne einer rationalen Überlegung. Der Baum hegt nicht den Wunsch, seine Art auszubreiten und versüßt zu diesem Zweck seine Früchte. Allein die Tatsache, dass einer der Bäume aufgrund der natürlichen Variation und Mutation süßere Früchte produziert hat als seine Artgenossen, führte zu seiner massenhaften Verbreitung. Der evolutionäre Erfolg einer Pflanze ist somit allein das Produkt äußerer Faktoren und somit der Naturgesetze. Ähnlich verhält es sich bei Menschen und Tieren. Tatsächlich sind Bewusstsein und Wille lediglich Produkte des evolutionären Prozesses.

Bei der Entwicklung und Verbreitung von Charaktereigenschaften ist die Vererbung (ähnlich wie im Falle des erblichen Aussehens) ebenfalls zu beachten. Solange sich Menschen auf herkömmliche Art und Weise (und nicht etwa durch Klonung oder Genmanipulation) reproduzieren, wird Fortpflanzung und das Aufziehen von Kindern immer einen bedeutenden emotionalen Stellenwert für sehr viele Menschen haben.

Der Grund liegt auf der Hand: Menschen, denen die Fortpflanzung besonders wichtig ist, werden mit größerer Wahrscheinlichkeit auch tatsächlich Kinder haben. Und das – statistisch gesehen – häufiger als jene Menschen, die ein geringeres Interesse an Nachwuchs haben. Somit hat die Mehrzahl aller Kinder auch eine größere Chance, diese Charaktereigenschaft ihrer Eltern zu erben und ihrerseits stark an Fortpflanzung interessiert zu sein. Andererseits tendiert die Abneigung gegenüber der Reproduktion stets dazu, mit ihren Trägern auszusterben. Natürlich wird dies nie vollständig geschehen, da es immer eine natürliche Streuung und Variation der persönlichen Eigenschaften geben wird.

Trotzdem bleibt es bei der Beobachtung, dass die Charakteristika der Menschen letztlich allein durch die Naturgesetze geformt werden. Auf diese Weise werden bestimmte Muster persönlicher Eigenschaften über tausende Generationen wie automatisch (also im Verlauf der Zeit, durch das Verhältnis von Ursache und Wirkung) konstruiert und resultieren letztlich in mehr oder weniger stark ausgeprägten, kollektiven Meinungen. Die mehrheitlich vertretene Ansicht, dass die Tötung anderer Menschen falsch ist, hat sich über die gesamte Menschheitsgeschichte tief in das allgemeine Moralverständnis der Menschen eingegraben, da es dem Zusammenleben dient und den Frieden in der Gesellschaft unterstützt (siehe →Die Natur der Moral).

Die Evolution bietet nach wie vor ein Erklärungsmodell für die Entwicklung der Lebewesen. Darüber hinaus lässt sich am Beispiel des Menschen auch eine Weiterentwicklung der Evolution selbst erkennen. Bei den einfachsten Wesen (wie etwa Bakterien) spielt sich die Evolution lediglich auf der Ebene der funktionellen Bestandteile des Körpers ab. Diese gaben den Ausschlag für die Selektion der am besten angepassten Lebewesen. Später kamen die Eigenschaften des Aussehens dazu, welche insbesondere bei der Fortpflanzung eine bedeutende Rolle spielen. Bei höheren Tieren und Menschen sind früher wie heute die beiden erstgenannten Ebenen von Bedeutung, jedoch nehmen das Sozialverhalten und die Eigenschaften der Persönlichkeit eine immer wichtigere Funktion ein.

Diese sind letztlich vom Aufbau unserer physischen Körper abhängig und werden, so wie unsere äußere Erscheinung, vererbt, und anschließend durch äußere Einflüsse geformt. Die Annahme, dass Evolution keinen Einfluss mehr auf die menschliche Spezies hat, ist daher unlogisch. Sie ist in unveränderter

Form von zentraler Bedeutung für die Entwicklung des Menschen, spielt sich jedoch oftmals auf anderen Gebieten ab als bei sonstigen Tieren. Natürlich ist hierbei nicht das Sozialverhalten des einzelnen Menschen zu betrachten, sondern vielmehr das durchschnittliche Verhalten ganzer Gesellschaften.

Das Bewusstsein wird durch den Körper erzeugt und tritt durch ihn erst in Erscheinung (siehe →Körper und Psyche). Der Grund für diese Entwicklung findet sich ebenfalls in der Evolution. Sich seiner selbst bewusst zu sein, führt, in Verbindung mit hoch entwickelten Fähigkeiten des Gehirns, letztlich zu Überlegungen bezüglich der eigenen Existenz. Glaubt der Mensch jedoch an ein (nach seinem Ermessen) sinnvolles Leben und an seine eigene Selbstständigkeit, erhöht sich die Motivation zum Überleben und zum Zeugen von Nachkommen in erheblichem Maße. Man könnte also argumentieren, dass der Fehlschluss bezüglich der eigenen Willensfreiheit ein Meilenstein auf dem evolutionären

Weg des Menschen war. Irgendwann wird jedoch der Tag kommen, an dem der Mensch den Glauben an die Willensfreiheit zugunsten der Wahrheit aufgibt. Und dies wird es ihm gleichzeitig ermöglichen, sich vieler Vorurteile zu entledigen, die aktuell noch sein Leben beeinträchtigen.

3.8 Mensch und Tier

Die Frage, inwiefern man bei einer Maschine mit künstlicher Intelligenz (KI) von einer bloßen Simulation eines Bewusstseins oder einem „echten" Bewusstsein ausgehen muss, ist möglicherweise gegenstandslos. Es ist denkbar, dass es zwischen beiden Arten keinen tatsächlichen Unterschied gibt. Auch eine KI folgt lediglich ihrer Programmierung, so wie auch der Mensch stets nur seinem Willen entspricht. Bewusstsein wäre in diesem Fall keine statische Eigenschaft, sondern eine dynamische Erscheinung, welche je nach Wesen stärker oder schwächer ausgeprägt in Erscheinung treten kann. Treffen die notwendigen materiellen (d.h. körperlichen) Voraussetzungen für die Bildung eines Bewusstseins in einem Wesen aufeinander, geht das Bewusstsein automatisch aus diesen Vorbedingungen hervor.

Die strikte Trennung zwischen dem menschlichen Bewusstsein und dem Bewusstsein der Tiere ist in Frage zu stellen, da Bewusstsein an sich offenbar in Form eines Spektrums vorliegt. Einige intelligente Tiere (z.B. Affen und bestimmte Vogelarten) sind in der Lage, sich selbst in einem Spiegel zu erkennen. Dabei wird ihnen ein farbiger Punkt so auf den Körper geklebt, dass die Tiere ihn nur im Spiegel sehen können. Sobald sie diesen Punkt erkennen und ihn an ihrem eigenen Körper untersuchen bzw. ihn entfernen wollen, wird klar, dass sie sich selbst wahrnehmen und erkennen können. Dieser Test zeigt, dass neben dem Menschen noch weitere Lebewesen existieren, die sich ihrer selbst bewusst sind. Dabei ist vor allem die Tatsache interessant, dass beispielsweise Elstern den Spiegeltest bestehen können, während andere Vögel nicht dazu fähig sind.

Gesunde Menschen sind immer in der Lage, sich selbst in einem Spiegel zu erkennen, allerdings erst ab dem zweiten Lebensjahr. Gleichzeitig besitzen jedoch auch jene Tiere, die in dem Test durchfallen (also z.B. Hunde und Katzen), zahlreiche andere Eigenschaften, welche auf ein Bewusstsein schließen lassen. Dazu zählt etwa die Fähigkeit, Emotionen zu erfahren und auszudrücken. Im Gegensatz dazu gelten Pflanzen zwar als Lebewesen, verfügen aber über keine Fähigkeiten, die für ein Bewusstsein typisch sind. Davon lässt sich also die Schlussfolgerung ableiten, dass etwa die Selbstwahrnehmung – als Merkmal des Bewusstseins – eine bestimmte geistige Entwicklungsstufe voraussetzt. Ist diese Stufe jedoch erreicht, tritt die Fähigkeit zur Selbstwahrnehmung automatisch als notwendige Konsequenz ein. Allerdings handelt es sich dabei nur um einen einzelnen Baustein, der das Konstrukt des

Bewusstseins ergänzen kann. Wie sich das Bewusstsein ausgestaltet, hängt vom jeweiligen Lebewesen und seinen materiellen Eigenschaften ab.

Der Mensch ist intelligenter als jedes andere Tier und dies hat bedeutende Konsequenzen auf seine emotionale Bandbreite und seinen Handlungsspielraum. Darüber hinaus lässt sich jedoch kaum ein überzeugendes Argument für die Einzigartigkeit der Menschen gegenüber den Tieren feststellen. Nach deterministischer Ansicht ist es jedoch wahrscheinlich, dass weder Menschen noch Tiere über „Seelen" nach gängiger Definition (also als immaterielle, unsterbliche Erscheinung) verfügen, da diese für das „Funktionieren" der Lebewesen nicht notwendig sind. Das heißt, dass es widersinnig wäre, die Existenz einer unsterbliche Seele anzunehmen, wenn diese nicht zur Erklärung des Menschen zwingend erforderlich ist. Es gibt keine Anhaltspunkte, die für das Vorhandensein einer solchen Seele sprechen. Der Mensch ist ein Wesen, das über ein Bewusstsein verfügt. Dieses entspringt jedoch aus seinem Körper und ist dementsprechend empfänglich für physische Einflüsse und Veränderungen, wie auch bei Tieren.

Andernfalls wäre auch hier die Grenzziehung zwischen „seelenlosen" und „beseelten" Wesen aufgrund der nicht vorhandenen Definitionsgrundlage nahezu unmöglich. Wenn also beispielsweise Menschen, Hunde und Katzen unserer Meinung nach Seelen besitzen, warum dann nicht auch Quallen, Insekten oder vielleicht sogar Pflanzen? Menschen erhalten von Geburt an eine Reihe von unterschiedlich stark ausgeprägten Fähigkeiten, Interessen, Neigungen und sonstigen Eigenschaften. Diese können sich im Laufe des Lebens verändern, doch ist diese Veränderung ebenfalls ein unausweichlicher Prozess. Zu keinem Zeitpunkt existiert die Möglichkeit, über die eigene Meinung oder seine Entscheidung frei zu verfügen. Unser Inneres – beziehungsweise unser Unterbewusstsein – diktiert uns die Gefühle, die wir fühlen, die Werte, die wir vertreten, sowie die Entscheidungen, die wir treffen. Das Unterbewusstsein wird jedoch nicht als Ursprung wahrgenommen. Daher werden diese Festlegungen als zu unserem Ego gehörig interpretiert. Dies führt immer dann zu Problemen, wenn wir Handlungen ausführen und Neigungen entwickeln, welche nicht durch die Gesellschaft akzeptiert werden.

Tiere dagegen sind in unseren Augen nicht schuldfähig, da sie ihre Handlungen nicht rational und moralisch beurteilen können. Niemand würde beispielsweise einen Löwen aus moralischer Sicht für den Tod eines Touristen verantwortlich machen, wenn dieser seinen Lebensraum betritt und einen Angriff provoziert. Grundsätzlich gilt das gleiche auch für den Menschen, wobei er im Allgemeinen zur Reflexion seiner Taten in der Lage ist. Dieses Thema wird im Abschnitt über →Gut und Böse näher ausgeführt.

3.9 Körper und Psyche

Der Eindruck einer vorhandenen Seele entspringt den Merkmalen der Persönlichkeit. Je höher entwickelt ein Wesen (Mensch oder Tier) ist, desto differenzierter können seine Persönlichkeitszüge ausgeprägt sein. Dies wurde im vorhergehenden Abschnitt bereits dargelegt. Würmer oder Insekten haben beispielsweise keine Persönlichkeit, da ihnen nur ein sehr begrenztes Spektrum von Handlungen möglich ist. Eine größere Variation von Verhaltensweisen, welche ein komplexes Sozialverhalten erlaubt, ist dabei ausgeschlossen. Menschen und einige intelligentere Tiere hingegen verfügen über Persönlichkeiten, welche jedoch letztlich auf physischen Eigenschaften (z.B. Gehirnstruktur, Hormonhaushalt) oder deren Modifikationen (z.B. durch Erziehung und Erfahrungen) zurückzuführen sind.

Da Variationen im Bereich der Persönlichkeit möglich sind werden sie im Sinne der →Evolution auch ausgeschöpft. Die Evolution selbst leitet sich letztlich direkt von den Naturgesetzen ab und ist dementsprechend mechanisch determiniert. Die Einnahme von bestimmten, psychoaktiven Substanzen kann zu einer heftigen, aber vorübergehenden Veränderung der Psyche führen, während die Existenz und der Verlauf schwerer Krankheiten – wie zum Beispiel der Demenz oder der dissoziativen Identitätsstörung – zeigen, wie die Persönlichkeit auch dauerhaft zerstört werden kann. Diesbezüglich unterscheidet sie sich nicht von körperlichen Organen. Zwar ließe sich argumentieren, dass durch die Krankheit lediglich die Ausdrucksfähigkeit des Menschen und nicht seine Persönlichkeit oder Seele an sich beeinträchtigt wird, doch ist dies schwierig zu begründen. Denn bereits im gesunden Zustand wird das menschliche Verhalten ständig durch Modifikation des körperlichen Zustands (z.B. durch Hormone oder Drogen) beeinflusst, sodass kaum ein Zeitpunkt definiert werden kann, an dem die Persönlichkeit des Menschen „in Reinform", d.h. ohne jede Beeinflussung, existieren kann. Selbst unsere momentane Stimmung oder die Tatsache, ob wir kürzlich gegessen haben oder nicht, können wesentlichen Einfluss auf unsere Entscheidungen haben.

Die Begriffe Psyche, Bewusstsein und Persönlichkeit können hier in einem engen Zusammenhang betrachtet werden. Die Psyche ist die „geistige" Komponente des physischen Körpers, setzt den Körper voraus und entspringt aus ihm. Die Persönlichkeit haftet dem Menschen an und macht ihn – wie sein Aussehen – zu einem Individuum. Gleichzeitig handelt es sich bei allen Begriffen auch um *notwendige* Produkte der biologischen Existenz des Menschen. Gerade *weil* der Mensch also ein großes und – im Verhältnis zu anderen Tieren – leistungsfähiges Gehirn hat, verfügt er auch über ein Bewusstsein und die Fähigkeit, Erkenntnisse zu gewinnen und zu verarbeiten.

Die Psyche des Menschen ist eine Folge des Zusammenspiels seiner einzelnen Bestandteile, welche jedoch nicht selbst über eine eigene Psyche verfügen. Es handelt sich damit also um eine emergente (lat. emergere = „Auftauchen" bzw. „Emporsteigen") Eigenschaft des menschlichen Körpers. Gemäß dem bekannten Zitat „Das Ganze ist mehr als die Summe seiner Teile" entsteht somit eine vollkommen neue Eigenschaft.

Als anschauliches Beispiel für die oben beschriebene, emergente Eigenschaft des menschlichen Bewusstseins bzw. der Psyche kann eine Glühlampe dienen. Für sich allein betrachtet, spenden die Bestandteile einer Glühlampe weder Wärme noch Licht. Erst die Konstruktion der Lampe und die Versorgung mit elektrischem Strom ergeben diese neuen (emergenten) Eigenschaften, die zuvor unmöglich waren und dementsprechend verborgen blieben. Gleichzeitig können diese neuen Eigenschaften auch wieder verloren gehen. Eine zerstörte Lampe kann ebenso wenig leuchten wie ein toter Mensch sprechen und denken kann.

Mit dem Tod des Menschen hört auch sein Bewusstsein auf zu existieren. Der Tod eines Lebewesens ist jedoch nur als seine letzte Wandlung zu betrachten. Jeder Mensch „stirbt" – im übertragenen Sinne – über den Prozess seines Lebens unzählige Male und entsteht an gleicher Stelle neu, jedoch in veränderter Weise. Ein alter Mann mit 90 Jahren ist heute ein vollkommen anderer Mensch als er es mit 10 Jahren war, sowohl körperlich, als auch in Bezug auf seine Persönlichkeit. Mit jeder persönlichen Veränderung starb also sozusagen eine alte Version.

Der Tod ist letztlich nur das Ende dieses ständigen Wandlungsprozesses und auch hier nehmen die Bestandteile des Körpers letztlich eine neue Qualität an. Für eine Komponente des menschlichen Körpers, die den Tod überlebt, gibt es hingegen keine substanziellen Hinweise. Dementsprechend beschränkt sich unser Leben auf das Diesseits und jegliche Überlegungen bezüglich einer Fortexistenz im Jenseits wären damit hinfällig.

3.10 Willensfreiheit

Die mechanische Philosophie sieht den Menschen als ein Wesen an, das – wie alles im Universum – vollkommen den Naturgesetzen unterworfen ist. Diese stehen jedoch in einem unauflösbaren Konflikt mit der sogenannten Willensfreiheit. Zunächst ist es jedoch wichtig, die Willensfreiheit korrekt zu definieren. Gemäß der allgemeinen Wahrnehmung dieses Begriffes verfügt eine Person über einen freien Willen, wenn sie, in einer beliebigen Situation und aus sich selbst heraus, anders hätte handeln können als sie es getan hat. Diese Formulierung trifft den Kern der Problematik, die sich aus dem Nebeneinander der Willensfreiheit und des →Kausalitätsgesetzes bzw. des →Determinismus ergibt.

Nicht der Mensch hat einen freien Willen, der heute Abend Bier und morgen Abend Wein trinkt. Hier handelt es sich um zwei verschiedene Situationen mit unterschiedlichen Rahmenbedingungen, die nur einzeln betrachtet werden können. Entsprechend der oben genannten Definition könnte der freie Wille nur belegt werden, wenn der Mensch in einer vollkommen *identischen* Situation anders handeln würde, als er es tat. Leider ist dieser Versuchsaufbau in der Praxis unmöglich umzusetzen, da man die Zeit nicht zurückdrehen kann.

Betrachtet man jedoch die zuvor dargelegten Prinzipien der Kausalität ist die Wahl einer anderen Handlung ausgeschlossen. Bestimmte Voraussetzungen haben den Menschen dazu bewogen, die (in seiner Wahrnehmung zweifellos freie) Entscheidung zu treffen, Bier zu trinken. Geht man davon aus, dass alle in diesem Moment wirkenden Ursachen nochmals einträten und auch alle beteiligten Objekte sowie der Mensch selbst über die exakt gleiche Qualität verfügten, würde sich der Mensch erneut für ein Bier entscheiden.

Dies ist die *notwendige* Folge aller Ursachen, die in der gegebenen Situation vorliegen. Die Entscheidungen jedes Menschen sind durch seinen Charakter und die vorhergegangenen Ereignisse determiniert. Geht man davon aus, dass in einer beliebigen Situation ebenso eine andere Entscheidung getroffen werden könnte, so würde es sich dabei nicht mehr um dieselbe Person handeln. Der Determinismus des Universums schließt auch die eindeutige Festlegung des menschlichen Willens ein. Ein nicht-determinierter Wille wäre dagegen ein Widerspruch in sich, da ein Wille immer eine bestimmte Ursache hat.

Diese Erkenntnis führt zu dem Schluss, dass Lebewesen nicht die eigentlichen Urheber ihrer Taten sind. Statt dessen gleichen sie Maschinen, welche die ihnen eingegebenen Informationen verarbeiten und dementsprechend handeln. Es ist nicht nur unmöglich, seinem eigenen Willen entgegen zu handeln, der Gedanke selbst ist unlogisch. Jede Entscheidung entspringt aus dem Willen des Menschen, der permanent von einer Vielzahl von inneren und äußeren Faktoren beeinflusst wird. Von Geburt an reagiert der Mensch auf diese Einflüsse und richtet sein Handeln nach ihnen aus.

Die beiden Begriffe „Freiheit" und „Wille" haben nichts miteinander zu tun. Es besteht kein Zweifel daran, dass jeder Mensch einen Willen hat. Doch sind wir nicht der Schöpfer unseres Willens, sondern sein Vollstrecker. Vor jeder Handlung entsteht eine Willensentscheidung, die wir nicht beeinflussen können. Das Bewusstsein nimmt lediglich im Nachhinein an, die Entscheidung selbst getroffen zu haben. Überträgt man diesen Gedanken auf unbelebte Objekte, so hat auch ein bergab rollender Stein einen „Willen", der durch die Naturgesetze diktiert wird. Ihn in seinem Lauf zu stoppen, heißt, diesem Willen entgegen zu handeln.

Letztlich ist diese Handlung jedoch kein „Eingreifen"
in die Natur oder in das vorbestimmte Schicksal,
denn auch diese Handlung war nur ein Einflussfaktor von vielen. So wie auch die Baumwurzeln, die
den Weg des Steins beeinflusst haben. Die Frage,
ob etwas belebt oder unbelebt ist, hat auf diese Gesetzmäßigkeit keinen Einfluss, denn alle Einflüsse
sind notwendigerweise determiniert.

Es gibt somit keine objektive Freiheit, es gibt nur
den subjektiven Eindruck von Freiheit. Ob die Kriterien für diese erfüllt sind oder nicht, hängt allein von
der Wahrnehmung des Individuums ab (siehe auch
→Sein und Bewusstsein). Selbst ein Gefängnisinsasse kann sich frei fühlen, wenn seine Definition
der Freiheit nicht voraussetzt, seine Zelle nach Belieben verlassen zu können. Dieser Gedanke trägt
für den Menschen ein großartiges Potenzial in sich,
und zwar die Erkenntnis, dass keine Situation an
sich gut oder schlecht ist. Allein unsere Interpretati-

on verleiht den Ereignissen ihre Bedeutung, auch wenn wir sie nicht frei wählen können.

Jedes Wesen wählt in jedem Moment immer die Handlung, welche ihm als die bestmögliche Option erscheint. Dies kann nicht vermieden werden, denn auch ein vollkommen passives Verhalten (d.h. eine Unterlassung) stellt eine Entscheidung dar. Und selbst wenn die getroffene Entscheidung bereits im nächsten Augenblick bereut wird, so war es doch für den Moment die einzig mögliche Wahl. Das vorherige Nachdenken, beziehungsweise dessen Fehlen, ist dabei keine Variable, sondern eine gegebene Tatsache. Wir selbst sind nicht dazu in der Lage, den Anfang und das Ende unseres Denkprozesses zu bestimmen, obwohl wir seinem Ergebnis verpflichtet sind. Denken wir in die Vergangenheit zurück, dann suchen uns häufig Erinnerungen an schlechte Entscheidungen heim, über die wir uns noch Jahre nach dem Ereignis und im schlimmsten Fall unser ganzes Leben lang ärgern. Es ist recht offensichtlich, dass uns dieses Verhalten, bis auf bestenfalls einen nachhaltigen Lerneffekt, nichts außer negative Gefühle beschert.

Dieses Phänomen ist jedoch gerade deshalb so typisch, weil wir unser vergangenes Ich unter falschen Voraussetzungen beurteilen. Unser Fehler liegt darin, unsere damalige Entscheidung auf der Basis unseres heutigen Wissens und unserer heutigen Persönlichkeit zu betrachten. Wir werfen uns selbst vor, dass wir uns damals schlecht entschieden haben, da wir es heute besser wissen. Dennoch war die gewählte Alternative, aus unserer damaligen Sicht betrachtet, die beste Lösung. Wäre es anders gewesen, hätten wir auch anders gewählt. Es ist nicht abwegig, die eigene Person auf die gleiche Weise wie unsere Mitmenschen zu betrachten. Von einer tatsächlichen Kontrolle über die Handlungen des Individuums kann in beiden Fällen nicht gesprochen werden.

Gibt es keinen freien Willen, verliert auch der Begriff der Willenskraft seine Bedeutung. Bei genauer Betrachtung ist der Grund dafür klar erkennbar. Bei schwierigen Entscheidungen, bei denen sprichwörtlich die Willenskraft eines Menschen auf die Probe gestellt wird, handelt es sich nur scheinbar um einen bewusst ausgetragenen, inneren Konflikt. In solchen Situationen sprechen vergleichbar gute Gründe sowohl für, als auch gegen eine Handlung, weshalb diese aufgrund der notwendigen Abwägung nicht schnell getroffen werden kann. Letztlich entscheidet sich der Mensch jedoch für die Option, von der er sich den bestmöglichen Kompromiss aus Lustgewinn und der Vermeidung von Schmerz erwartet. Aspekte wie moralische Regeln wirken dabei selbstverständlich mit, jedoch ebenfalls nur in den Dimensionen „Lust" und „Schmerz" (siehe auch →Die Natur der Moral).

Ein besonders pflichtbewusster Mensch erfüllt nicht deshalb seine Aufgaben stets tadellos, weil er anderen Menschen moralisch überlegen ist, sondern weil es ihn glücklich macht und ein Verstoß gegen seine Pflicht zu äußerst unangenehmen Empfindungen führt, die er unbedingt vermeiden möchte. Ein unzuverlässiger Mensch dagegen empfindet anders und ihm bringt Pflichtbewusstsein keine vergleichbar angenehmen Empfindungen. Allein dieser Unterschied ist die Ursache für die verschiedenen Entscheidungen beider Menschen, ohne dass sie dabei eine Wahl gehabt hätten.

Selbst die *theoretische* Existenz nicht-determinierter Ereignisse kann nicht für die „Rettung" der Willensfreiheit herangezogen werden. Wie bereits im Kapitel über den →Determinismus beschrieben wurde, könnte ein nicht-determiniertes Ereignis (sollte es überhaupt existieren) niemals von einem bestimmten Objekt, Ort oder Zeitpunkt abhängig sein. Würden sie existierten, dann wären nicht-determinierte Ereignisse am ehesten mit einem „Rauschen" zu vergleichen, das keinerlei Ordnung folgt. Das Auftreten dieser Ereignisse könnte demnach nur vollkommen chaotisch (hier: sowohl vollkommen *unabhängig* als auch unvorhersagbar) ablaufen. Eine „Erzeugung" wirklicher Freiheit durch nicht-determinierte Ereignisse ist somit undenkbar.

Der individuelle Wille ist oftmals das Ergebnis einer Abwägung zwischen widerstreitenden Tendenzen. Der (man könnte sagen: zunächst ungezügelte) Wunsch gibt uns einen Handlungsimpuls und das Gewissen sowie das rationale Denken setzen diesem Impuls Grenzen. Hierbei stehen sich beide Kräfte gegenüber und der Eindruck einer bewussten Willensentscheidung entsteht im Rahmen der Beobachtung dieses Widerstreits. Die körperlichen Eigenschaften des Menschen (wie etwa die Organisation seines Gehirns) bestimmen die Stärke und das Ausmaß von Wunsch, Gewissen und Denken.

Handelt ein Mensch, der auf der Straße überfallen und unter Androhung von Gewalt dazu gezwungen wird, sein Geld herauszugeben, nach seinem eigenen Willen? Auf den ersten Blick würde man dies verneinen, denn er wird ja durch eine andere Person gezwungen und hätte das Geld sicherlich lieber behalten.

Bei genauerer Betrachtung wird jedoch klar, dass das Opfer auch hier gemäß seines eigenen Willens gehandelt hat. Letztlich war die Drohung des Räubers nur eine der (vielen) Ursachen, welche die Entscheidung des Opfers beeinflusst haben. Hierbei trat eine Abwägung zwischen verschiedenen, hypothetischen Ergebnissen ein. Der Wille des beraubten Menschen wurde so modifiziert, dass dieser das Geld schließlich selbst herausgab. Dies entsprach seinem Willen, da er lieber das Geld verlor, als körperlich verletzt zu werden. Handlungsalternativen existieren somit in jeder Situation.

3.11 Vernunft und Wahrheit

Die Vernunft ist die essentielle Voraussetzung für die Erlangung von *allgemeingültigen* Erkenntnissen durch den Menschen. Die Summe dieser Erkenntnisse ist schließlich das, was wir als *Wahrheit* bezeichnen. Es muss davon ausgegangen werden, dass es lediglich eine Wahrheit gibt. Jede Aussage ist entweder wahr, falsch oder kann aufgrund ihrer logischen Widersprüche oder mangelhaften Definition nicht bewertet werden.

Die Erlangung der Wahrheit ist wiederum bei der Wahl von Handlungsalternativen von zentraler Bedeutung. Gute Entscheidungen basieren auf der Wahrheit, während schlechte Entscheidungen meist gerade deshalb getroffen werden, weil die allgemeingültige Wahrheit ignoriert und die Entscheidung stattdessen mit Fehlschlüssen begründet wird. Selbstverständlich trifft kein Mensch absichtlich schlechte Entscheidungen. Das Problem entspringt jedoch der Tatsache, dass der Mensch nicht immer in der Lage ist, das Wahre vom Falschen zu trennen. Es kommt häufig zu Verwechslungen, die den Menschen – oftmals auch aus emotionalen Gründen – dazu verleiten, mangelhaft begründeten Theorien Glauben zu schenken. Dies führt dann zu Problemen, wenn der Mensch Handlungen unternimmt, die aufgrund ihrer fehlerhaften Herleitung nicht zu den erhofften Ergebnissen führen. Natürlich ist klar, dass niemand immun gegen Fehlurteile ist und die menschliche Natur nicht darauf ausgelegt ist, allzeit logisch einwandfreie Schlüsse zu ziehen.

In Bezug auf die menschliche Wahrnehmung und auf die Fülle unterschiedlicher Meinungen könnte schnell vermutet werden, dass es doch mehr als nur eine Wahrheit gibt. Dies ist jedoch nur scheinbar der Fall. Subjektbedingte Erscheinungen können nur im Zusammenhang mit einem Beobachter definiert werden (siehe auch den Abschnitt →Sein und Bewusstsein). Diese Aussagen sind naturgemäß relativ und können nicht von dem jeweiligen Beobachter getrennt betrachtet und bewertet werden. Dennoch entfalten sie aber eine objektive Gültigkeit.

Das bedeutet, dass auch subjektbedingte Erscheinungen im Zusammenhang mit dem entsprechenden Subjekt notwendige Konsequenzen des determinierten Ablaufs aller Ereignisse sind. Wenn also ein Mensch eine bestimmte Überzeugung vertritt, dann ist diese Überzeugung die einzige Wahrheit, die aus seiner Perspektive überhaupt möglich ist. Gleichzeitig ist es eine unumstößliche Wahrheit, dass dieser spezielle Mensch zu einem eindeutig definierten Schluss kommt und zu keinem anderen. Es ist also ein Fehler, den Anspruch der Wahrheit auf allgemeine Gültigkeit in Frage zu stellen. Stattdessen sollte überlegt werden, warum ernsthaft erwartet wird, dass verschiedene Menschen, die naturgemäß unterschiedlich denken und fühlen, zu ein und demselben Schluss kommen sollten.

Die Philosophie muss sich gezwungenermaßen nach der Wahrheit richten, um tatsächlich wirksam zu sein. Andernfalls würde sie sich in keiner Weise von einer →Religion unterscheiden. Durch Beobachtung der relevanten Gesetzmäßigkeiten gilt es, dem Menschen bei seinem dauerhaften Streben nach →dem höchsten Gut zu helfen und ihn so gut wie möglich zu unterstützen. Die Philosophie soll den Menschen die *großen Fragen des Lebens* so genau und so wahrheitsgemäß wie möglich beantworten, auch wenn keine vollkommene Gewissheit besteht. Das ist der Anspruch, den die mechanische Philosophie zu erfüllen versucht.

3.12 Sein und Bewusstsein

Alle Erscheinungen lassen sich in zwei Gruppen einteilen. Die erste Gruppe beinhaltet Erscheinungen, die ohne Berücksichtigung eines Subjekts (d.h. eines Menschen) definiert werden können. Gleichzeitig lassen sich diese Erscheinungen wissenschaftlich erfassen, wie etwa das Gesetz der Schwerkraft.

Die zweite Gruppe sind nur im Zusammenhang mit einem Interpreten (z.B. einem Menschen) zu erfassen. D.h. sie können erst dann überhaupt existieren, sobald ein Mensch sie entsprechend seiner inneren Organisation (also dem Zusammenspiel seiner Körperfunktionen) interpretiert. Als Beispiele können Moralvorstellungen oder Gefühle gelten. Diese sind ohne Bezugnahme auf den Menschen nicht wissenschaftlich auswertbar.

Wichtig ist, dass die zweite Gruppe (also die subjektbedingten Erscheinungen) *keine* Illusion darstellt. Eine Illusion liegt vor, wenn eine Sache als etwas wahrgenommen wird, was sie nicht ist. Ein durstiger Mensch in der Wüste könnte also in einer Luftspiegelung eine Oase erkennen und wäre dadurch Opfer einer Illusion. An der vermeintlichen Wasserstelle angekommen, offenbart sich ihre wahre Gestalt. Die oben erläuterte, zweite Gruppe ist jedoch ebenso real und objektiv wie die erste, denn die ihr zugeordneten Ereignisse sind exakt das, was sie aus der Perspektive des Individuums zu sein scheinen. Gefühle werden zwar von jedem Menschen anders wahrgenommen, doch ist dieser Unterschied auf die verschiedenen Merkmale ihres Körpers und ihrer inneren Organisation zurückzuführen. Für den fühlenden Menschen selbst sind seine Gefühle jedoch ebenso objektiv gültig wie das Gesetz der Schwerkraft.

Die Erscheinungen der zweiten Gruppe werden also für das Individuum erst dann definiert, nachdem die auslösenden Ereignisse bewertet wurden. Das bedeutet jedoch, dass es ganz allein vom Menschen selbst abhängt, wie bestimmte Ereignisse eingeschätzt werden und wie sich diese anschließend auswirken. Selbst wenn – natürlich auch hier – die individuelle Wahrnehmung nicht frei wählbar ist, so kann sie mit Argumenten beeinflusst werden.

Außerhalb der subjektiven Sichtweise sind alle Ereignisse wertneutral. Erst der Mensch, der sich von einem Ereignis geschädigt fühlt, wurde tatsächlich geschädigt. Erst der Mensch, der sich durch eine Bemerkung beleidigt fühlt, wurde tatsächlich beleidigt. Andererseits richtet beides keinen Schaden bei jemandem an, der darüber hinwegsieht. Die wesentliche Schlussfolgerung dieser Erkenntnis ist, dass die negative Wirkung sich nicht durch das Ereignis selbst, sondern durch die Wahrnehmung des Beobachters entfaltet. Niemandem nützt Optimismus mehr als dem optimistisch Denkenden selbst. Doch belügt sich der Mensch dabei nicht selbst? Wäre es nicht ehrlicher, negative Ereignisse einfach als negativ anzuerkennen? Das ist nicht der Fall, denn eine Veränderung des Blickwinkels auf ein Ereignis und die Abwandlung dessen Interpretation hat nichts mit dem Glauben an Unwahrheiten zu tun. Kein Ereignis ist aus sich selbst heraus gut oder schlecht. Darum sollte sich der Mensch – wann immer möglich – die positiven Seiten einer Situation vor Augen halten.

Verschiedene Menschen haben demnach unterschiedliche Auffassungen von denselben Ereignissen. Dies wird als Subjektivität wahrgenommen. Tatsächlich beruhen die Urteile und Meinungen aller Menschen jedoch auf ihren objektiv vorhandenen, persönlichen Eigenschaften sowie den individuellen Umständen, welche ihnen stets anhaften und (mangels freien Willens) nicht willkürlich beeinflusst werden können. Ein Mensch kann in einem konkreten Fall nur zu einer einzigen Schlussfolgerung gelangen. Diese ist somit als das notwendige Ergebnis seines Entscheidungsprozesses zu betrachten.

Wie bereits dargelegt, bedeutet das auch, dass die Subjektivität des menschlichen Urteils ebenfalls eine objektive Tatsache darstellt. Auf diese Weise verändert sich der Begriffsinhalt der Subjektivität. Diese Neudefinition führt zur Schlussfolgerung, dass Subjektivität und Objektivität keine Zweiteilung bilden können. Die Subjektivität ist der Objektivität untergeordnet und ihr Produkt. Das heißt, dass die Objektivität des Universums die individuelle Subjektivität bestimmt und erst ermöglicht.

Die Frage nach der schönsten Farbe der Welt kann nicht ohne die Interpretation eines Menschen beantwortet werden. Eine Person bevorzugt Rot, eine andere Blau. Aus der Perspektive eines neutralen Beobachters wird schließlich deutlich, dass beide Personen aufgrund ihrer persönlichen Unterschiede erwartungsgemäß verschiedene Schlüsse ziehen, ihre Urteile jeweils ihrer Natur entsprechen und dementsprechend objektiv *wahr* sind. Der Fehler ist die Verallgemeinerung des Menschen, seines Denkens und seiner Wahrnehmung trotz individueller Unterschiede. Anders ausgedrückt, handelt es sich bei diesen Sätzen um mangelhaft definierte Aussagen. Lautete der Satz jedoch „Rot ist die schönste Farbe *für mich*." wäre die Aussage unanfechtbar korrekt.

Die Generalisierung ist hingegen fehlerhaft und kann schnell widerlegt werden.

3.13 Das höchste Gut

Für Menschen wie für Tiere besteht das Hauptziel ihres Lebens immer in der Erlangung von Lust und in der Vermeidung von „Unlust" bzw. Schmerz oder Leid. Der Begriff „Lust" wird hier im philosophischen Sinne verwendet und bezieht sich nicht (nur) auf die sexuelle Lust, sondern ganz allgemein auf einen intensiv wahrgenommenen, angenehmen Zustand. Der Grund, warum es zahllose Antworten auf die Frage nach dem höchsten Gut gibt, liegt in der unterschiedlichen (körperlichen) Organisation der Menschen. Die Lust versteckt sich hinter verschiedenen Masken, erfüllt aber dennoch immer die gleiche Funktion: Sie löst im Organismus des jeweiligen Lebewesens ein Wohlgefühl aus.

Wie in einem späteren Abschnitt erläutert wird, existiert keine objektive Definition von →Gut und Böse.

Diese sind je nach Wahrnehmung unterschiedlich definiert, und auch einem vermeintlich bösen Menschen ist es möglich, Glück zu empfinden. Ebenso kann Mensch sowohl arm als auch glücklich sein. Denn letztlich ist es vollkommen unbedeutend, was ein Mensch unternimmt, um Lust zu empfinden. Ausschlaggebend ist allein die Wirkung seiner Handlungen auf die eigene Psyche. Jedes Ereignis wird durch den Menschen individuell verarbeitet und in eine Summe von Lust oder Schmerz „übersetzt" (der Schmerz wird von der Lust abgezogen), um dessen Bedeutung zu bewerten.

Aus diesem Grund sind Lust und Schmerz die einzigen Gradmesser für erstrebenswerte Handlungen. Dem Menschen steht kein anderer Maßstab zur Verfügung, um Handlungsalternativen gegeneinander abzuwägen. Durch genauere Betrachtung wird also deutlich, dass Lust nicht nur das höchste Gut ist, sondern das *einzige*. Viele Religionen und Philosophien lehnen diese Einschätzung ab und verweisen auf die eigenen, moralischen Verhaltensregeln und Tugenden. Das Problem besteht jedoch darin, dass alle diese Regeln und Ideale interpretationsbedürftig sind, das heißt, dass sie zunächst als erstrebenswert anerkannt werden müssen. Selbstverständlich ist es möglich, dass die Befolgung moralischer Regeln Lust auslösen kann, jedoch muss dies dem Menschen entweder anerzogen sein, oder es muss seiner naturgegebenen, inneren Einstellung entsprechen.

Eine Verallgemeinerung, nach der eine bestimmte moralische Lebensart automatisch zu einen glücklichen Leben führt, ist unmöglich und kann nicht zutreffen. Die Lust selbst ist hingegen das einzige Gut, das *aus sich selbst heraus*, also ohne weitere Bewertung, positiv wirkt. Ein Mensch, der nach seinen Regeln lustvoll lebt, ist auch glücklich. Somit liegt es an jedem Einzelnen, seine Definition des lustvollen Lebens zu finden und (ggf. mit gesellschaftlich notwendigen Kompromissen) entsprechend zu leben.

Alle anderen – vermeintlichen – Wege zum Glück sind sehr stark von äußeren Faktoren abhängig.

Das alleinige Streben nach materiellem Reichtum wird in der heutigen Zeit teilweise als ein oberflächliches Lebensziel betrachtet und dementsprechend negativ wahrgenommen, wohingegen ein großes Vermögen zu früheren Zeiten sehr hoch angesehen war. Als positivere Alternative wird beispielsweise die persönliche Bildung, das Überwinden von Ängsten oder das Erlernen einer Fertigkeit als Lebensinhalt angeführt. Gerade das Ziel der Selbstverwirklichung steht dabei als zusammenfassender Begriff über allen individuellen Pfaden.

Doch durch die gesellschaftliche Beachtung und Aufwertung der Selbstverwirklichung wurde lediglich ein kollektives Lebensziel durch ein anderes ersetzt. In diesem Fall wurde das Streben nach Macht, Besitz und Anerkennung entwertet und durch Individualismus und persönlicher Entfaltung verdrängt.

Doch trotz der scheinbar nonkonformistischen Tendenz dieses neuen Ideals lässt sich auch hier eine gesellschaftliche Erwartungshaltung deutlich ablesen. Sicherlich wird einem Hobby-Abenteurer und Weltreisenden viel eher eine Tendenz zur Selbstverwirklichung attestiert als einer Hausfrau mit drei Kindern, auch wenn es sich dabei in beiden Fällen vielleicht um exakt den Lebensentwurf handelt, welcher die individuelle Selbstverwirklichung am meisten unterstützt.

Darüber hinaus stellt sich die Frage, ob sich nicht bereits jeder Mensch – im Rahmen seiner Möglichkeiten – weitestgehend selbst verwirklicht. In der gesellschaftlichen Betrachtung kann Selbstverwirklichung oftmals nur bedeuten, etwas Außergewöhnliches zu leisten oder etwas Einzigartiges zu erleben. Durchschnittlichkeit hat in dieser Vorstellung keinen Platz. Von einem durchschnittlichen Menschen zu erwarten, sich durch außergewöhnliche Taten „selbst zu verwirklichen", hat jedoch nichts mit

Selbstverwirklichung im eigentlichen Sinne des Wortes zu tun.

Allerdings führt diese gesellschaftliche Erwartungshaltung zu einem ebensolchen Druck, wie das Streben nach Reichtum zuvor. Menschen, die normalerweise zufrieden mit ihrem Leben waren, sehen sich jetzt mit Lebensentwürfen konfrontiert, welche den stereotypen Ansatz der Selbstverwirklichung umsetzen und dafür anerkannt werden. Dies kann dazu führen, dass selbst Menschen, die sich ihr Leben ganz nach ihren eigenen Wünschen gestaltet haben, plötzlich unzufrieden werden, weil es nicht dem kollektiven Idealbild entspricht.

Natürlich ist es pure Ironie, dass gerade ein Ideal, welches angeblich Individualismus und Unabhängigkeit predigt, einen ebenso starren und dogmatischen Lebensentwurf beinhaltet wie alle anderen gesellschaftlichen Zielvorstellungen zuvor. Dieses Beispiel beschreibt die Falle, in die Menschen geraten können, die ihre Lust im Zuspruch und in der Anerkennung anderer Menschen finden. Es wird deutlich, dass nicht (nur) die Aktivität selbst zum Lustgewinn führt, sondern insbesondere auch die Bewertung der Aktivität durch die Mitmenschen.

3.14 Das Lustprinzip

Wie bereits im Abschnitt zum Thema →das höchste Gut beschrieben, kennt der Mensch nur Lust und Schmerz als Grundlage für die Wahl seiner Handlungen. Dies wird auch als „psychologischer Hedonismus" bezeichnet. Die Art und Weise, wie er das eine sucht und das andere meidet, ist jedoch sehr rational und folgt einer teils bewussten und teils unbewussten Berechnung. Der Mensch wägt ständig zwischen dem Gewinn von Lust und der Vermeidung von Schmerz ab und wählt immer jene Handlung, die er als den besten Kompromiss zwischen beiden Motivationen sieht.

Auf etwas, was er normalerweise als großes Gut betrachtet, wird der Mensch in einer bestimmten Situation gern verzichten, wenn die dafür notwendigen Handlungen gleichzeitig auch erhebliche, negative Folgen nach sich ziehen. Dabei ist es letztlich egal, ob es sich um Lust (beziehungsweise Schmerz) körperlicher oder geistiger, kurzfristiger oder langfristiger Natur handelt. Es kommt nur darauf an, wie der individuelle Mensch die Intensität der jeweiligen Impulse einschätzt. Dies allein beeinflusst sein Urteil und seine Wahl der Handlungsweise.

Es gibt nahezu unendlich viele Methoden für die Gewinnung von Lust und die Vermeidung von Schmerz. Der Grund dafür liegt in der Tatsache, dass die Menschen – gemäß ihrer inneren Organisation – auf unterschiedlichen Pfaden dem Weg zur Lust folgen. Nur anhand der erwarteten positiven und befürchteten negativen Gefühle kann der Mensch eine bestimmte Handlung einer anderen vorziehen. Welche Handlung das ist, hängt von der

Organisation des Menschen ab. Ein aufrichtiger Mensch zieht Genugtuung aus Ehrlichkeit, während er leidet, wenn er andere anlügt.

Auch wenn jemand behauptet, er hätte eine bestimmte Handlung *ihrer selbst willen* gewählt, so ist dies stets in Zweifel zu ziehen. Eine Handlung an sich hat keinen universell definierten, emotionalen Begriffsinhalt. Diese wird ihr erst durch die Bewertung durch das Individuum verliehen und diese Bewertung bildet dann die Grundlage für die Entscheidung, ob dieser Mensch die Handlung als positiv oder negativ wahrnimmt. Dieses Prinzip gilt für alle Handlungen des Menschen. Ein Extrovertierter fühlt sich erst in der Gesellschaft anderer wirklich lebendig, während ein Introvertierter dies als Stress empfindet.

Natürlich gibt es auch jene Menschen, denen das Leid anderer egal ist oder die sogar noch Gefallen daran finden. Dies kann man ihnen in einem objektiven Sinne nicht zur Last legen, da sie keine Wahl haben, was ihnen Freude macht und was nicht. Gleichzeitig kann man nicht von einer moralischen Überlegenheit von Menschen sprechen, die über Neigungen verfügen, die man gemeinhin als positiv bzw. tugendhaft betrachtet. Diese Werte sind willkürlich bestimmt, denn was wünschenswert oder abzulehnen ist, bestimmt allein die Gesellschaft.

Bei allen Überlegungen bezüglich dem Zugewinn von Lust und der Vermeidung von Schmerz ist jedoch vor allem der Aspekt der *Nachhaltigkeit* von Bedeutung. Bereits in einigen Philosophien der Antike wurde Lust als das höchste Gut betrachtet, wobei diese Betrachtungsweise damals wie heute missverstanden wurde. Kritiker verstehen die Aufforderung zur Verfolgung von Lust häufig als Anstiftung zur egoistischen Genusssucht, die keine Grenzen kennt. Dies ist jedoch eine vollkommen falsche Schlussfolgerung, welche jede rationale Überlegung des Menschen außen vor lässt.

Der Versuch, in einem dauerhaften Zustand der (vermeintlich) höchsten Lust zu existieren, ist von vornherein zum Scheitern verurteilt, weil dem Lustempfinden natürliche Grenzen gesetzt sind und ein Ermüdungseffekt eintritt. Nachdem ein Mensch Lust erfahren hat, ist es nur eine Frage der Zeit, bis sich sein Zustand normalisiert. Dies geschieht entweder schlagartig, durch einen plötzlichen Verlust, oder schleichend, indem die positive Wirkung über einen längeren Zeitraum nachlässt.

Trinkt der Mensch Alkohol in Maßen, dann kann er als ein wirksames Genussmittel dienen, das zum Beispiel auch ein gutes Essen umso angenehmer macht. Der Fehlschluss, dass ein Mehr an Alkohol auch notwendigerweise einem Mehr an Lust entspricht, liegt hier relativ nahe. Wird dies aber auf die Probe gestellt, wird schnell deutlich, dass die anfangs positive Wirkung plötzlich in negative Empfindungen umschlägt. Somit verliert die Methode, die zuvor die Lust steigern konnte, nicht nur an Wirksamkeit, sondern führt sogar zum gegenteiligen Ergebnis. Das Wissen um das richtige Maß in allen Dingen ist somit sehr wichtig.

Annähernd dauerhafte Lust ist nur dann möglich, wenn der Mensch in der Lage ist, die Voraussetzungen für sein Wohlbefinden so weit wie möglich zu senken. Damit ist nicht notwendigerweise gemeint, dass er ein Leben unter einfachsten Bedingungen führen muss. Wichtig ist dagegen, keine *Abhängigkeiten* zu bestimmten Objekten, Menschen und Situationen zu entwickeln. Hilfreich ist dafür auch das Bewusstsein über alle positiven Einflüsse, die den Menschen täglich umgeben. Sobald der Mensch einen bestimmten Vorzug als selbstverständlich wahrnimmt, verliert dieses Gut seine positive Wirkung auf die Psyche.

Ein Mensch, der an alltägliche Bequemlichkeiten wie fließendes Wasser und eine stabile Stromversorgung gewöhnt ist, wird sich wohl kaum jeden Morgen darüber freuen, dass er sie hat. Dennoch *sollte* er es, allein seiner selbst willen. Durch die Selbstverständlichkeit dieses Luxus kann er keine Lust mehr erzeugen, sondern im Falle seines Verlustes nur noch Leid auslösen. Erst dann erkennt der Mensch, welche Vorzüge er zuvor genießen konnte. Dieses Prinzip findet sich in zahlreichen anderen Beispielen.

Selbst zwischenmenschliche Beziehungen können mit der Zeit als gegeben wahrgenommen werden und werden nicht mehr wertgeschätzt. Je weniger Dinge ein Mensch als notwendige Voraussetzung für sein Glück definiert und je bewusster er alles Gute wahrnimmt, das ihn schon umgibt, desto leichter wird es ihm fallen, immer wieder neu an Lust zu gewinnen. Das ist der Schlüssel zu dauerhafter Freude.

Die maßvolle Gewinnung von Lust (beispielsweise durch ausreichend, aber nicht übermäßig viel Zeit für Hobbys) und die Vermeidung von Schmerzen erhält das Lustempfinden des Menschen auf einem stabilen Niveau. Oftmals entsteht viel Leid aus der (vergeblichen) Verfolgung eines vermeintlich großen Gutes. Doch hier ist es wichtig, möglichst weitblickend zu handeln, alle wichtigen Faktoren abzuwägen und seine Ziele regelmäßig zu hinterfragen.

Der Zugewinn momentaner Lust kann unter Umständen zu erheblichen Nachteilen auf lange Sicht führen. Eine spontane Liebesaffäre mag zwar für bestimmte Menschen sehr verlockend wirken, doch können die langfristigen Auswirkungen potenziell viel schwerwiegender sein als das kurzfristige Hochgefühl, das durch den Seitensprung ausgelöst wird. Mangelt es dem Menschen an Weitblick, kann er sich leicht zu Handlungen entschließen, die er später bereuen wird.

3.15 Gut und Böse

Das Argument der Anhänger des freien Willens, nach dem ohne einen freien Willen kein Mensch für seine Taten verantwortlich gemacht werden könnte, und die Basis unserer Rechtsprechung somit außer Kraft gesetzt wäre, ist nur oberflächlich betrachtet richtig. Tatsächlich kann man Menschen, ohne an einen freien Willen zu glauben, nicht für ihre Taten verantwortlich machen. Der Grund liegt in der Tatsache, dass so etwas wie *absolute* Verantwortlichkeit ohne einen freien Willen unmöglich wird. Gleichzeitig besteht eine *relative* Verantwortlichkeit, welche das Kausalitätsgesetz berücksichtigt. Ein Mensch, der einen Mord begeht, ist im relativen Sinne dafür verantwortlich, weil diese Tat eine Wirkung seines Handelns war. Das gilt auch dann, wenn er in Ermangelung eines freien Willens nicht dazu in der Lage war, den Mord nicht zu begehen. Gleichermaßen ist auch ein fallender Stein für den Tod eines Menschen verantwortlich, weil er ihn traf (freilich auch ohne es zu *wollen*).

Doch auch wenn der Mensch den Mord begehen *wollte* (und das ist immer der Fall, wenn es tatsächlich geschieht), ist dieser Wille eine notwendige Konsequenz seiner persönlichen Eigenschaften und den begleitenden Rahmenbedingungen. Da ein Mensch seinem eigenen Willen ebenso unterworfen ist wie den Naturgesetzen, kann demnach nicht von einer absoluten Verantwortlichkeit, beziehungsweise Schuld, gesprochen werden. Gleiches gilt für den Gegensatz zwischen Gut und Böse im objektiven Sinne. Lehnt man diese beiden Kategorien aus philosophischer Perspektive (zu Recht) ab, so verlieren alle moralischen Wertesysteme mit einem absoluten Gültigkeitsanspruch ihre Grundlage.

Jenseits der subjektiven Empfindung sind alle Handlungen des Menschen lediglich festgelegte Ergebnisse der sich entfaltenden Prozesse und somit wertneutral. Wir definieren unsere persönlichen Handlungen als das Ergebnis unseres – subjektiv betrachtet – freien Entscheidungsprozesses. Doch wie der Prozess funktioniert, der zu dieser oder jener Entscheidung führt, ist uns dabei vollkommen unklar. Natürlich können wir Gründe nennen, die uns zum Treffen der jeweiligen Entscheidung bewegt haben. Dies ist jedoch auch als ein kausaler Vorgang zu betrachten.

Mit der eindeutigen Festlegung der menschlichen Eigenschaften und Handlungen geht auch die Festlegung der Reaktionen der Außenwelt einher und damit letztlich ebenfalls die *Veränderung* der menschlichen Eigenschaften und Charakteristika. Jeder Mensch tendiert von Natur aus in die eine oder andere Richtung, aber letztlich unternimmt er exakt die Handlungen, welche das eigene Gewissen beruhigen und gleichzeitig den persönlichen Vorstellungen von Gerechtigkeit entsprechen. Die persönliche Veranlagung kann zwar durch Erziehung beeinflusst werden, allerdings wirkt diese Erziehung auf jeden Menschen anders. Ein Erfolg kann damit nicht in jedem Fall erwartet werden.

Obwohl sich niemand aktiv dafür oder dagegen entscheiden kann, ein Serienmörder zu sein, verurteilen wir diesen und bestrafen ihn für seine Handlungen. Dies ergibt im Rahmen unserer eigenen Wahrnehmung einen Sinn. Zwar ist der Mensch zur Reflexion seiner Taten in der Lage, doch geschieht dies nur im Rahmen seiner vorgegebenen Fähigkeiten. Und da er unmöglich für diese Mängel verantwortlich gemacht werden kann (weil sie nicht beeinflussbar sind) ist die Situation die gleiche. Eigenschaften wie „Schuld" oder „Unschuld" existieren somit nur in der Wahrnehmung des Menschen.

Andererseits lässt sich auch die Bestrafung eines Verbrechers als deterministische Konsequenz einstufen, da die urteilenden Instanzen ebenfalls über keinen freien Willen verfügen. Außerdem erfüllt eine Bestrafung einen Zweck und kann einen *Nutzen* für die Gesellschaft erzeugen. Selbst wenn Strafen eine Handlung nicht ungeschehen machen können und somit keine Möglichkeit der Wiedergutmachung bieten, so können Sie dennoch den Täter oder andere Menschen von ähnlichen Taten abhalten.

Letztlich wägt jeder Mensch alle aus seiner Sicht positiven und negativen Folgen einer Handlung ab und entscheidet sich dann entsprechend dafür oder dagegen. Weil Menschen grundsätzlich dazu in der Lage sind, über die Konsequenzen ihres Handelns nachzudenken, kann eine in Aussicht gestellte Strafe tatsächlich eine bestimmte Handlung verhindern. Im Gegensatz dazu ist es aussichtslos, ein kaputtes Auto mit Schlägen zu bestrafen.

Eine *stabile* Gesellschaft verfügt über Gesetze, deren Ursprung sich auf die menschliche Vernunft zurückführen lässt. Das heißt, dass ihr Zweck von der Mehrheit der Bevölkerung erkannt wird und diese Gesetzgebung somit als hinreichend begründet akzeptiert wird. Förderliches Verhalten sollte belohnt werden, während schädliche Handlungen bestraft werden müssen. In menschlichen Gesellschaften ist die Bestrafung von Mord gerade deshalb so weit verbreitet, weil sie auf allgemeines Verständnis stößt. Andere Gesetze, deren Begründung weniger offensichtlich ausfällt, werden auch in der Praxis weniger konsequent eingehalten. Selbstverständlich ist die Art der Strafe ebenfalls ein Faktor, der die Befolgung des entsprechenden Gesetzes beeinflusst.

Grundsätzlich sollten jedoch alle Gesetze überprüft werden, die Handlungen bestrafen, die für Dritte unschädlich sind. Hier liegt der Verdacht nahe, dass nicht das Wohl der Gesellschaft als Ganzes bzw. schützenswerter Individuen, sondern ein Vorurteil ausschlaggebend für ihren Erlass war. Verbote und Strafen müssen verhältnismäßig sein und einen praktischen, gesellschaftlichen Nutzen haben. Nur so können sie auch legitim sein.

Dies alles hat jedoch nach wie vor nichts mit Moral im objektiven Sinne zu tun. Denn letztlich muss klar sein, dass Gut und Böse immer gesellschaftlich definiert werden. Der Grund dafür ist die Tatsache, dass es sich dabei nicht um objektive Wahrheiten, sondern um subjektive Urteile handelt. Erst die Gesellschaft definiert Tugenden und Laster und greift dabei entweder auf traditionelle Sitten oder Systeme wie Religionen bzw. politischen Überzeugungen zurück. Bedeutende Vorteile hat der Mensch, dessen Werte aufgrund seiner natürlichen Organisation und Persönlichkeit mit den Werten seiner Gesellschaft übereinstimmen. In diesem Fall wird er die Gesetze als gerecht und die Sitten als nachvollziehbar empfinden. Er wird darüber hinaus kaum versucht sein, gegen Gesetze zu verstoßen, die seinem eigenen Ideal entsprechen. Dieser Mensch kann sein Leben somit weitestgehend ungestört leben, da alles, was er tun möchte, erlaubt ist und sein Handeln keine negativen Konsequenzen nach sich zieht.

Wenn sich die Werte eines Menschen jedoch zu stark von den Leitgedanken der Gesellschaft unterscheiden, wird dieser ständig mit dem Gesetz in Konflikt geraten und nicht in der Lage sein, ein „moralisches Leben" (gemäß den Ansichten der Gesellschaft) zu führen. Auch wenn keiner der beiden genannten Menschen für seine Situation selbst verantwortlich ist, müssen beide mit den Konsequenzen leben, die sich aus dem Verhältnis zwischen ihren Ansichten und denen der Gesellschaft ergeben.

In Bezug auf das Abhängigkeitsverhältnis zwischen Sitten und einer Gesellschaft, welche diese definiert, sind nahezu unendliche Varianten denkbar. Während Pädophilie im antiken Griechenland teilweise akzeptiert oder sogar befürwortet wurde, wird diese in unserer heutigen, westlichen Gesellschaft universell verabscheut und gesetzlich bestraft. Ebenso war in früherer Zeit nichts Verwerfliches daran, sich Sklaven zu halten, während dies heute undenkbar wäre. Erst im letzten Jahrhundert setzte sich in Europa das Wahlrecht für Frauen durch, während eine Abschaffung dieses Rechts nun auf keinerlei Verständnis treffen würde. Diese Beispiele zeigen deutlich, dass es bei der Frage nach Gut und Böse bzw. Richtig und Falsch nicht auf ewige Wahrheiten, sondern lediglich auf die Meinung der Menschen ankommt.

Eine wichtige Erkenntnis aus dem oben Genannten ist die Tatsache, dass persönliches Glück jedem Menschen prinzipiell offen steht, dem „Guten" wie dem „Bösen". Um glücklich zu sein, bedarf es nur jene Handlungen zu unternehmen, die einem selbst Lust verschaffen und jene zu unterlassen, die Schmerz verursachen. Dies ist jedoch mit einer inneren Einstellung verbunden, die in den Ereignissen und Handlungen auch einen Wert erkennen lässt. Diese Haltung könnte man vereinfacht als *Optimismus* bezeichnen. Menschen mit einer schweren Krankheit wie beispielsweise einer Depression ist dies natürlich nur sehr eingeschränkt oder überhaupt nicht möglich.

Die obige Aussage ist hingegen so zu verstehen, dass man in den Augen anderer weder „tugendhaft" noch „gut" oder „gerecht" sein muss, um tatsächlich glücklich zu sein. Darauf kommt es letztlich nur dann an, wenn der Mensch die Übereinstimmung seines Handelns mit den Idealen der Gesellschaft als Voraussetzung seines Glücks sieht. Es ist lediglich schwieriger für einen Menschen, der in Konflikt mit den Werten der Gesellschaft denkt und handelt, glücklich zu sein. Dieser Mensch müsste zunächst seine eigenen (gesellschaftlich als „schlecht" betrachteten) Handlungen befürworten. Dies würde ihn von seinem schlechten Gewissen befreien. Doch auch dann würden seine Taten noch immer von der Gesellschaft bestraft werden. Dies ist aus der Perspektive der Gesellschaft auch gerechtfertigt, da sonst das Wohlergehen des Einen zum Schaden der Anderen führen würde. Der „gute" Mensch leidet in einer „bösen" Gesellschaft und umgekehrt. Letztlich hängt es jedoch von der Definition der Mehrheit ab, was gut und was böse ist.

3.16 Die Natur der Moral

Seit tausenden von Jahren haben sich unzählige Menschen theoretisch und systematisch mit moralischen Überlegungen auseinandergesetzt. Mit der *Ethik* existiert dazu sogar eine eigene philosophische Disziplin. Unter Beachtung der bisher getroffenen Aussagen stellt sich die Frage, was aus der Sicht der mechanischen Philosophie unter dem Phänomen „Moral" zu verstehen ist und welche Bedeutung es für den Menschen hat.

Der Ursprung moralischer Überzeugungen liegt im permanenten sozialen Austausch innerhalb von Gesellschaften und damit in der →Evolution. Die aus dieser Auseinandersetzung entstandenen Werte und Normen sind eng verknüpft mit den Emotionen, welche die Lebewesen im Laufe der Evolution entwickelt haben. Tatsächlich sind Moralsysteme als eine Weiterentwicklung von emotionalen Eindrücken zu betrachten. Insbesondere der Mensch benutzt moralische Begriffe, weil er über die erforderlichen Voraussetzungen verfügt, um diese zu verstehen.

Neben rein praktischen, offensichtlich nachvollziehbaren Begründungen entwickelte sich mit der Moral also ein weiterer Aspekt, welchen der Mensch bei der Bewertung seiner Handlungen einbezieht. Dabei handelt es sich vermeintlich um Einflüsse, die ihrer selbst willen existieren. Die Beachtung oder Nichtbeachtung moralischer Werte bei der Wahl der Handlungen erfolgt auf der Grundlage einer ebenso systematischen Kalkulation wie die Wahl des eigentlichen Ziels der Handlung. Anders ausgedrückt: Obwohl sich ein Mensch z.B. durch einen Diebstahl eine große Menge Geld verschaffen könnte, wird er aufgrund von moralischen Überlegungen möglicherweise von der Tat abgehalten. Damit steht die Funktionsweise der Moral scheinbar im Widerspruch mit der im Kapitel über das →Lustprinzip formulierten Gesetzmäßigkeit. Bei näherer Betrachtung ist diese Einschätzung jedoch nicht korrekt, da auch die Befolgung oder die Nichtbeachtung moralischer Regeln einen Einfluss auf die Psyche des Menschen haben. In dem oben genannten Beispiel wiegt der befürchtete Schmerz, der durch die Missachtung der moralischen Regel ausgelöst wird, in der Bewertung des Individuums einfach schwerer als der durch das Geld erwartete Zugewinn an Lust. Dieses Prinzip wird im Kapitel →Egoismus und Altruismus näher erläutert.

Die mechanische Philosophie geht davon aus, dass es *keine* objektiven moralischen Fakten gibt, die unabhängig von der Bewertung des Menschen gelten. Zwar kann ein Mensch moralisch richtig oder falsch handeln, jedoch ist diese Aussage nur unter Einbeziehung eines bestimmten Blickwinkels möglich. Das kann die handelnde Person selbst sein, oder ein anderer Mensch bzw. eine Gruppe. Die Auffassung des jeweiligen Individuums oder der Gruppe dient damit als Maßstab zur Bewertung unterschiedlicher Handlungen. Darüber hinaus existiert jedoch keine objektive Bewertungsgrundlage. Wie bereits im Kapitel zu →Gut und Böse ausgeführt wurde, sind alle moralischen Urteile von Menschen geschaffen und daher auch nur im Zusammenhang mit subjektiven Wahrnehmungen zu betrachten.

Der „gemeinsame Kern" von Moralsystemen aus unterschiedlichen Kulturen besteht aus Regeln, welche das Zusammenleben der Menschen in Gemeinschaften unterstützen, d.h. die dabei helfen, Konflikte zu vermeiden sowie die Gesundheit und den Fortbestand der Gruppe zu sichern. Inzucht beim Menschen ist deshalb mit einem moralischen Tabu belegt, weil für das dabei gezeugte Kind ein höheres Risiko besteht, unter Erbkrankheiten zu leiden. Dies hätte wiederum eine Schwächung der Gemeinschaft zur Folge, was einen Nachteil im Konkurrenzkampf um das Überleben bedeutet. Die Ächtung von Inzucht durch die Gesellschaft trägt somit einen evolutionären Vorteil in sich, der aufgrund der Mechanismen der Vererbung fortbesteht und sich immer weiter verfestigt. Ebenso gelten kooperative Verhaltensweisen als „moralisch", weil auch sie dabei helfen den Erfolg der Gruppe zu sichern.

Allein die im Menschen verankerten moralischen Empfindungen sind die Auslöser von Handlungen, die *neben* dem Lustgewinn des Individuums auch dem Erreichen von praktischen Zielen des Kollektivs dienen. Ohne die Verknüpfung mit dem Lustempfinden des einzelnen Menschen wäre eine moralische Handlung jedoch unmöglich, da niemand in der Lage wäre, einen Wert darin zu erkennen. Menschen handeln somit immer dann entsprechend moralischer Regeln, wenn sie die zugrundeliegenden Werte entweder selbst als richtig akzeptieren, oder wenn sie – z.B. in einer anders denkenden Mehrheitsgesellschaft – lediglich den Konflikten aus dem

Weg gehen wollen, die sich durch die Missachtung der Regeln ergeben würden.

Diese Betrachtungsweise macht jedoch deutlich, dass es sich bei der Moral lediglich um einen weiteren Mechanismus der Natur handelt. Hinter ihr verbirgt sich also kein höheres Ziel als jenes, was die Mehrzahl aller lebendigen Wesen ohnehin verfolgt: Selbst am Leben zu bleiben und Nachkommen zu zeugen. Aufgrund der zirkulären Natur jeglicher biologischen Existenz (Entstehung – Reproduktion – Tod) handelt es sich dabei jedoch nicht um geeignete Begründungen für einen →Sinn des Lebens. Die Rechtfertigung aller moralischen Regeln, die sich vorgeblich auf *objektive* Fakten zurückführen lassen, ist unter diesen Gesichtspunkten fragwürdig.

3.17 Die gerechte Gesellschaft

Die Erkenntnisse der mechanischen Philosophie haben nicht nur bedeutende Auswirkungen auf das Leben des Individuums, sondern auch auf die Bewertung der Gesellschaft. Dies betrifft, neben der in einem vorhergehenden Kapitel dargelegten Reformation der Justiz, insbesondere Fragen der Verteilungsgerechtigkeit. Ohne Willensfreiheit lassen sich die Unterschiede im Eigentum der Menschen nicht mehr begründen, wenn gleichzeitig das Ziel einer gerechten Gesellschaft verfolgt wird.

Der ökonomische Status eines Menschen hängt von zahlreichen Faktoren ab, die jedoch allesamt nicht seiner Willkür unterliegen. Niemand kann nach Belieben seine Intelligenz oder seine körperliche Leistungsfähigkeit bestimmen. Natürlich kann ein Mensch etwas Neues lernen oder trainieren, um seine Fertigkeiten auszubauen, allerdings kann auch das nicht bewusst gesteuert werden. Sowohl die Kapazität, überhaupt etwas zu lernen als auch die Motivation, dies auch praktisch zu tun, sind naturgegeben. Bereits in der Schule stellen sich für viele Menschen die Weichen, die ihren zukünftigen ökonomischen Status bestimmen werden.

Mit Glück hat der Mensch die Fähigkeit und den Fleiß, einen guten Abschluss zu erreichen. Auf diesem Fundament kann auch ein Studium oder eine Ausbildung erfolgreich absolviert werden. Gute Ausgangsbedingungen sorgen für positive Ergebnisse, die wiederum die guten Ausgangsbedingungen für weitere, positive Entwicklungen bilden. In Gesellschaften, wie wir sie kennen, gilt somit oftmals das Prinzip *„Wer hat, dem wird gegeben"*. Im Gegensatz dazu wird ein Schüler mit schlechteren Leistungen auch dementsprechend geringere Chancen auf eine gute Arbeit haben. Dieser Grundsatz gilt sogar über Generationen hinweg, und zwar indem Kinder aus sozial schwachen Familien auch als Erwachsene geringe Chancen auf einen sozialen Aufstieg haben.

Wie muss jedoch die Folge aus diesen Erkenntnissen lauten? Die vollständige Entkopplung von Leistung und dem ökonomischen Status des Menschen wäre die konsequenteste Maßnahme, um diesen

Voraussetzungen gerecht zu werden. Dies entspricht dem utopischen Ideal *„Jeder nach seinen Fähigkeiten, jedem nach seinen Bedürfnissen"*. Allein die Umsetzbarkeit dieses Leitbildes in die Realität ist fraglich und zumindest in heutiger Zeit ausgeschlossen.

Denn ebenso, wie eine Gesellschaft schädliches Verhalten bestrafen muss, um vor Nachahmung abzuschrecken, so braucht sie auch ein bestimmtes Maß an Ungleichheit, um sich erhalten zu können. Kein Mensch denkt vollkommen rational und wird die absolute ökonomische Gleichheit bei der zugleich unterschiedlichen Leistungsfähigkeit und -bereitschaft der Menschen anerkennen. Die eigennützige wirtschaftliche Tätigkeit in den heutigen, kapitalistischen Systemen ist (noch) die wichtigste psychologische Triebfeder zur Gewährleistung der Produktivität. Selbst wenn man also davon ausgeht, dass die Schlussfolgerungen der mechanischen Philosophie richtig sind, müssen die Gesetze von der Mehrzahl der Menschen anerkannt werden. Letzteres muss allein deshalb geschehen, um die Legitimation des Staates herzustellen. Es ist möglich, dass eine vollständige Angleichung der menschlichen Lebensverhältnisse niemals umgesetzt wird, weil ansonsten die Produktivität und Akzeptanz nicht aufrecht erhalten werden kann.

Da jedoch der Zusammenbruch eines Staates aus praktischen Gesichtspunkten immer negativer zu bewerten ist als ein gewisses Maß an gesellschaftlicher Ungleichheit, muss dieser Kompromiss eingegangen werden. Möglich ist allerdings die drastische Reduzierung von sozialer Ungleichheit über die Regulierung von exzessiven Vermögen der reichsten Menschen bei gleichzeitiger Gewährleistung eines angemessenen, minimalen Lebensstandards für alle Mitglieder der Gesellschaft, was die tendenziell zunehmende ökonomische Ungleichheit zumindest abmildert. Alles andere würde bedeuten, die natürliche Ungleichheit unter den Menschen – zum Leidwesen großer Bevölkerungsteile – noch zu verstärken.

Die Bestrebung, einen ökonomischen Ausgleich in der Gesellschaft zu schaffen, wird von ihren Gegnern oftmals als bloße Ideologie abgewertet und als eine Gefahr für die Freiheit des Menschen betrachtet. Unterdessen ist jedoch gerade der Glaube an die Willensfreiheit selbst eine Ideologie, die den Menschen zu schwerwiegenden Fehlschlüssen verleitet. Gesellschaften, die kulturell und politisch sehr wirtschaftsliberal ausgerichtet sind, gaukeln den Menschen vor, dass es jeder zu Reichtum bringen könnte.

Gemäß dieser Überzeugung muss der Mensch nur den Willen dazu aufbringen und bereit sein, hart dafür zu arbeiten. Beides läge in seiner Hand. Theoretisch betrachtet ist es zwar richtig, dass *ein Tellerwäscher zum Millionär werden kann,* aber aus praktischer Sicht kann dies nur einem winzigen Bruchteil der Bevölkerung gelingen. Gleichzeitig wird jedoch der Mythos aufrecht erhalten und jedem, der nicht erfolgreich ist, wird Willensschwäche und mangelndes Engagement vorgeworfen. Schlimmstenfalls übernimmt der Mensch dieses Gedankengut und leidet permanent unter Schuldgefühlen und Selbstvorwürfen. Dabei sind es aber gerade die unteren Einkommensschichten, die am härtesten für ihren geringen Verdienst arbeiten müssen.

3.18 Veranlagung und Umwelt

Häufig wird die Frage gestellt, in welchem Maße die Handlungen und die Persönlichkeit des Menschen durch a) seine Anlage, d.h. seinen genetischen Aufbau und b) seine Umwelt, also äußeren Faktoren beeinflusst werden. Unter Beachtung des Determinismus ist diese Frage jedoch weitgehend als gegenstandslos zu betrachten. Sowohl die Erbanlagen des Menschen als auch alle Ereignisse, die ihn treffen, sind notwendige und unabänderliche Elemente seiner persönlichen Lebensgeschichte. Somit ist beispielsweise eine genetisch bedingte Anfälligkeit für Diabetes ein ebenso charakteristisches Element eines Individuums wie eine frühkindliche Entwicklungsstörung, welche auf das vernachlässigende Verhalten der Eltern zurückzuführen ist. Es gibt (im Ergebnis) keinen tatsächlich bedeutenden Unterschied zwischen beiden Einflussfaktoren. Das Lebewesen als materielle Einheit ist untrennbar mit seinem zeitlich-räumlichen Kontext verbunden. Das bedeutet, dass kein Wesen in einem anderen Kontext in gleicher Form existieren könnte. Selbst eineiige Zwillinge wachsen notwendigerweise zu zwei verschiedenen Menschen heran, selbst wenn beide über dieselben genetischen Voraussetzungen verfügen und sogar fast gleichzeitig geboren werden.

Auch die Erscheinungsform einer Pflanze wird über zwei Quellen definiert: Ihre Veranlagung (Samen) und den äußeren Umständen (Standort). Zwei Exemplare derselben Pflanze können – abhängig von der Sonneneinstrahlung, dem Boden und dem Klima – also einmal über große Blätter und kurze Wurzeln (Standort im Tal) und einmal über einen viel kleineren Wuchs und ein viel stärker ausgeprägtes Wurzelwerk (Standort im Gebirge) verfügen. Trotz gleicher Veranlagung ist es also die Umwelt, die das Erscheinungsbild der Blume radikal verändert. Gleichzeitig können zwei in der Veranlagung unterschiedliche Pflanzen am selben Standort gedeihen oder eingehen. Keiner der beiden Einflüsse ist dabei von vornherein wichtiger als der andere.

Jeder Mensch durchläuft seine eigene Entwicklung, welche in sich notwendig und alternativlos ist. Auch etwa Behinderungen und Geburtsfehler sind darin eingeschlossen, da sie der einzelnen Person durch die Natur gegeben sind, beziehungsweise durch den Verlauf ihres Lebens beigebracht werden und somit notwendigerweise anhaften. Betrachtet man jeden einzelnen Menschen allein als Individuum, kann über dessen Charakteristika nicht mehr geurteilt werden. Nur im Vergleich mit anderen erscheinen diese Eigenschaften als Makel oder als Vorteil. In Wahrheit ist es jedoch ganz und gar unmöglich, dass ein spezifischer Mensch auf eine andere Weise (d.h. etwa ohne Behinderung) existieren könnte.

Wie zuvor bereits dargelegt wurde, ist es selbstverständlich möglich, den Menschen über die Erziehung gezielt zu beeinflussen. Es kann jedoch nicht bewusst gesteuert werden, wie sich diese Erziehung – in der Fülle aller äußerlichen Einflüsse – letztlich auswirkt. Somit kann eine bestimmte Erziehungsmethode bei einem Menschen zum gewünschten Ergebnis führen, bei einem anderen hingegen das Gegenteil bewirken. Auch dies ist auf die Vielfalt des menschlichen Charakters zurückzuführen.

3.19 Egoismus und Altruismus

Letztlich sind alle Taten des Menschen durch Egoismus (lat. ego = ich) motiviert. Dabei handelt es sich jedoch nicht um eine moralisch verwerfliche Form der Selbstsucht (die sich ohnehin nicht begründen ließe, siehe →Gut und Böse), sondern um die natürliche und unumgängliche Grundhaltung jedes biologischen Organismus. Allein die Tatsache, dass verschiedene Handlungen bei unterschiedlichen Menschen jeweils eine andere Wirkung entfalten, führt im Ergebnis dazu, dass jeder Mensch auf individuelle Weise nach seinem persönlichen Glück strebt. Die Grundregel dabei ist jedoch immer die gleiche: Angenehmes wird maximiert, Unangenehmes dagegen minimiert (siehe →Das Lustprinzip).

Obwohl beispielsweise die Unterstützung anderer Menschen als eine altruistische Tat (lat. alter = andere) gilt, so ist es doch die Wirkung dieser Handlung auf das Individuum, die entscheidet, ob die Handlung ausgeführt wird oder nicht. Dabei könnte sowohl das positive Gefühl einer bestimmten Tat, als auch das negative Gefühl der Unterlassung („schlechtes Gewissen") den Ausschlag zur Realisierung der Handlung geben. Eine als positiv wahrgenommene Tat muss gesellschaftlich jedoch nicht notwendigerweise als „gut" gelten. Die individuelle Haltung gegenüber allen denkbaren Handlungsalternativen ergeben in der Summe unsere Persönlichkeit.

Konsequenterweise muss in dieser das Individuum definierenden Masse auch die *Motivation* enthalten sein, die sehr häufig als etwas betrachtet wird, was sich der Mensch selbst geben kann. Anders als viele Eigenschaften des Menschen, deren Unbeeinflussbarkeit allgemein anerkannt zu sein scheint, werden Initiative und Motivation als Produkte der Willenskraft wahrgenommen. Dies ist jedoch unbegründet, weil der Mensch sich nicht willkürlich selbst zu einer Sache motivieren kann. Er hat stattdessen keinen Anteil daran, welche Handlungen ihm positive Gefühle liefern und welche nicht.

Ein Mensch hat demzufolge nur deshalb ein Problem damit, eine andere Person für den eigenen

Vorteil zu töten, weil die negativen Auswirkungen der Tötung sich zu stark auf sein eigenes Wohlbefinden auswirken würden. Dies schließt sowohl innere (Schuldgefühle) als auch äußere (Racheakte, Strafen) Konsequenzen ein.

Psychopathen fügen anderen Menschen nicht unbedingt deshalb Leid zu, weil sie es selbst genießen, sondern weil sie durch ihr Gewissen nicht daran gehindert werden und weder Mitgefühl noch Reue empfinden. In ihrer Abwägung spielt das aus den eigenen Handlungen resultierende Leid anderer Menschen keine Rolle, da sie nicht in der Lage sind, die negative Wirkung angemessen abzuschätzen. Sie leiden unter einer schweren Persönlichkeitsstörung, wobei die Übergänge zwischen bloßen Merkmalen der Persönlichkeit und tatsächlichen Krankheiten fließend sind. Von einer Krankheit wird immer dann gesprochen, wenn der jeweilige Zustand Leid auslöst, entweder für den Menschen selbst oder für die

Mitmenschen. In dieser Hinsicht ist die Definition relativ.

Isoliert betrachtet, wird nahezu jeder Mensch einen Zugewinn an Geld als positiv und erstrebenswert wahrnehmen. Dies ändert sich jedoch, sobald die Summe im Rahmen einer Bestechung an Bedingungen geknüpft ist. Besonders aufrichtige Menschen werden diese Angebote mit großer Wahrscheinlichkeit ablehnen, da der an sich positive Geldzuwachs nicht die negativen Auswirkungen einer Bestechung (insbesondere Schuldgefühle) ausgleichen kann. Korrupte Menschen empfinden diesbezüglich jedoch keine Reue und sind daher viel eher dazu bereit, Bestechungsgelder anzunehmen. Wie der Mensch reagiert, hängt jedoch in jedem Fall nicht von einer bewussten Willensentscheidung, sondern von seinen inneren Eigenschaften ab. Das Ergebnis ist bereits festgelegt, bevor die Situation überhaupt eintritt. Dies ist dem Menschen nur nicht bewusst.

Auch wenn ein Mensch behauptet, nicht nur seinen eigenen Bedürfnissen nachzugehen oder sein Leben einer höheren Sache zu widmen (beispielsweise durch gemeinwohlorientiertes Handeln, religiöse Tätigkeit oder Forschung), trifft dies nur teilweise zu. Wenn ein Mensch einem anderen hilft, dann wird dieser selbstverständlich auch faktisch unterstützt. Doch jede Handlung hat neben einem praktischen Effekt auch gleichzeitig einen Effekt auf die Psyche des Menschen, der diese ausführt. Wenn sich also eine Person Zeit ihres Lebens für andere engagiert und ihnen hilft, ist es offensichtlich, dass diese Tätigkeit eine positive psychische Wirkung aufweist. Ob ein Mensch Freude daran hat, anderen zu helfen, hängt von seiner Veranlagung und Erziehung ab. Die Befriedigung, die aus der Handlung gezogen wird ist ausschlaggebend dafür, ob diese in Zukunft wiederholt wird. Somit wird anderen Menschen zwar geholfen, jedoch ist dieser Umstand unbedeutend für die jeweilige Handlungsentscheidung. Bei der praktischen Hilfe handelt es sich somit um ein bloßes Nebenprodukt. Die Motivation für die Handlung entspringt dem individuellen, psychischen Effekt, der durch sie ausgelöst wird.

Aus dieser Perspektive erscheint die Handlung selbst als bloßes Werkzeug, um einen positiven Gemütszustand auszulösen, und nicht als ein Zweck in sich. Gleichzeitig wird aus objektiver Sicht die moralische Neutralität des menschlichen Handelns deutlich, da jeder letztlich das gleiche Ziel verfolgt. Ein Mönch, der sich für ein enthaltsames und bescheidenes Leben entscheidet, zieht offenbar mehr Befriedigung aus dieser Situation, als er von einem durchschnittlichen Leben mit den üblichen Annehmlichkeiten erwartet. Wäre dies anders, hätte er seinen Pfad nicht eingeschlagen. Dies hat nichts mit Willenskraft zu tun, sondern nur mit dem stets individuellen Weg zu einem glücklichen Leben.

3.20 Fühlen und Denken

Gefühle existieren nicht ihrer selbst Willen und haben auch keinen übernatürlichen Ursprung, sondern erfüllen eine konkrete Funktion. Bei der emotionalen Empfindsamkeit eines Menschen handelt es sich um ein komplexes System, dass er über evolutionäre Prozesse erhalten hat. Es basiert auf der sozialen Interaktion in menschlichen Gesellschaften und hilft dabei, die Zusammenarbeit zwischen den Menschen zu fördern und damit ihr Überleben zu sichern. Dabei geht die Bedeutung der Emotionen weit über den bloßen Akt der Fortpflanzung hinaus.

Wenn Eltern ihre Kinder lieben und an ihrem Wohlergehen interessiert sind, verbessert das die Überlebenschancen des Nachwuchses und dementsprechend auch ihre Chancen, sich selbst erfolgreich fortzupflanzen. Gleichermaßen fällt es Menschen mit einem ausgeprägten Einfühlungsvermögen leichter, mit ihren Mitmenschen umzugehen und diplomatisch geschickt zu agieren. Die soziale Sphäre ist ein Bereich des menschlichen Lebens, dessen Sitten, Bräuche und Verhaltensweisen mit dem Werkzeug des Gefühls ausgestaltet werden.

Neben dem rationalen Denken steuern Gefühle wesentliche Impulse bei, die unsere Entscheidungen beeinflussen. Bei genauerer Betrachtung wird sogar deutlich, dass die Rationalität des Menschen letztlich nur dazu dient, jene Ziele zu erreichen, die über die Gefühle definiert werden. Das Gefühl gibt dem Menschen also seinen Willen (Ziel) und über das Denken werden die besten Handlungen ermittelt, um den Willen zu erfüllen (Weg). Selbstverständlich spielt das Gefühl auch bei der Wahl der Handlung eine Rolle, da jede Handlung auch immer eine Wirkung hat. Jede einzelne Wirkung kann sich letztlich auf das große Ziel, das körperliche und psychische Wohlbefinden des Menschen, auswirken. Das positive Gefühl der Lust ist →das höchste Gut, und, wie bereits dargelegt, der Maßstab für die Bewertung von Handlungen.

Die verbreitete Annahme, dass Fühlen und Denken vergleichbar starke, aber entgegengesetzte Kräfte innerhalb des menschlichen Abwägungsvorgangs darstellen, bestätigt sich nicht. Das Denken ist dem Willen unterworfen, aber der Wille richtet sich nach dem Gefühl wie eine Fahne im Wind. Es gilt das in diesem Buch immer wieder angesprochene Grundprinzip: „Gewollt wird, was Lust bereitet". Der Mensch ist nur deshalb glücklich, weil er sich glücklich *fühlt*. Gleichermaßen ist einem Menschen nur dann etwas wichtig, wenn es entweder direkt der Lust zuträglich ist oder ein Mittel zum Zweck darstellt.

Die eigene Stimmung und das eigene Befinden unterliegen selbstverständlich nicht der direkten Kontrolle des Menschen. So wie ein Mensch nicht verhindern kann, durch eine schwere Verletzung zu sterben, so kann er auch emotionalen Schmerz nicht einfach verschwinden lassen. In beiden Fällen steht der persönliche Wille zum Lustgewinn der tatsächlichen Empfindung entgegen. Der Mensch kann diese Realität nicht ändern, sondern nur versuchen, sie positiv zu beeinflussen. Sich für das eigene schlechte Befinden auch noch schuldig zu fühlen ist selbstverständlich kontraproduktiv. Möglich ist jedoch die Linderung der negativen Gefühle, so wie auch eine Behandlung körperlicher Schmerzen möglich ist.

Eine bereits zuvor angesprochene Methode ist das wohlwollende Nachdenken über die eigene Situation, die Betrachtung aus einer veränderten Perspektive und die realistische Einschätzung des *tatsächlichen* Ausmaßes der negativen Empfindung. Dies könnte man zusammenfassend als *optimistisches Denken* bezeichnen. Hierbei ist selbstverständlich keine gebetsähnliche Wiederholung „magischer" Formeln gemeint, die anschließend das Gute im Leben wie automatisch entstehen lassen sollen. Der Ratschlag zum optimistischen Denken stellt allein auf die Tatsache ab, dass die psychische Wirkung eines Ereignisses niemals dem Ereignis selbst anhaftet, sondern erst durch Interpretation im Bewusstsein des Betrachters entsteht. Wenn man also davon überzeugt ist, sich schlecht fühlen zu *müssen*, wenn ein bestimmtes Ereignis eintritt, dann wird die erwartete, negative Wirkung auch eintreten. Wenn ein Mensch stattdessen die Situation neutral betrachtet und ihre Auswirkungen als gegeben hinnimmt, dann minimiert dies auch die negativen Auswirkungen auf das eigene Wohlergehen.

Um glücklich zu sein, muss man seine Gefühle weder unterdrücken, noch zwanghaft steuern. Bereits das kritische Hinterfragen der erlebten Empfindungen sowie die Analyse des eigenen Ichs bietet eine wesentliche Hilfe, um (negative) Muster zu erkennen und an der Einschränkung ihrer Auswirkungen zu arbeiten. Die Voraussetzungen für die eigene Zufriedenheit sollten sich immer in der Hand des Individuums selbst befinden. Das bedeutet beispielsweise, dass man das eigene Wohlergehen nicht von Meinungen anderer Menschen abhängig machen sollte, die man offenkundig schlechter beeinflussen kann als die eigene Ansicht. Davon abgesehen besteht die „Standardtherapie" für negative Gefühle aus der Identifizierung und Ausführung *lustvoller* Handlungen. Diese Vorschläge sind keine Garantie für eine Verbesserung des Wohlbefindens, aber mehr ist für das persönliche Glück grundsätzlich nicht erforderlich. Häufig besteht das Problem darin, dass sich der Mensch selbst einredet, dass es nicht erreichbar wäre. Dabei müsste er in vielen Fällen nur seine Hand ausstrecken und es sich nehmen.

3.21 Der Sinn des Lebens

Aus einem nüchternen Blickwinkel heraus erschöpft sich der Lebenssinn des Menschen darin, Bedürfnisse zu befriedigen, die er nicht hätte, wenn er nicht existieren würde. Die beiden elementaren Bestandteile dieser Bedürfnisse sind a) das Streben nach Freude, und b) die Vermeidung von Leid. Dies sind die Maßstäbe des →höchsten Gutes. Über die Art und Weise, wie der Mensch zu seinem Glück gelangt, gibt der Abschnitt zum →Lustprinzip Aufschluss.

Der Mensch ist kein vollkommen rational agierendes Wesen. Zwar verfolgt er seine kurzfristigen Ziele zum Teil auf eine sehr rationale Weise, jedoch folgt sein Leben als Ganzes keiner zweckmäßigen Strategie, um ein *objektiv* begründbares Lebensziel zu erreichen. Anstatt das gesamte Leben an sich in eine bestimmte Richtung zu steuern, konzentriert er sich auf Teilbereiche dessen (z.B. Familie, Karriere, Hobby). Der Grund dafür ist einfach: es gibt kein objektives, primäres Lebensziel.

Alle vorstellbaren Ziele sind lediglich Optionen, die gleichwertig nebeneinander existieren. Erst die Interpretation des Individuums erhebt das eine Ziel über ein anderes. Für religiöse Menschen sind es ihre individuellen Glaubensinhalte, die ihre übergeordneten Lebensziele definieren. Ähnliches gilt jedoch auch für politische, moralische und sonstige Systeme, die eine solche Funktion einnehmen können. Der Mensch hat in jedem Fall nur eine Möglichkeit: Er erklärt ein beliebiges, subjektives Ideal zu seinem persönlichen Sinn des Lebens. Im Gegensatz zum Menschen haben einfachere Tiere keine Möglichkeit, ihr ganzes Leben gedanklich zu überblicken. Kurzfristige Ziele reichen daher aus, um das kontinuierliches Handeln des Tieres zu begründen. Das „Hauptziel" des Lebens wird dabei nicht hinterfragt und muss aus diesem Grund auch nicht definiert werden.

Der Mensch hat in seinem Leben keine Pflicht zu erfüllen und kein Ziel zu erreichen. Es ist davon auszugehen, dass der Tod einem absoluten Ende der Existenz entspricht. Das bedeutet, dass mit dem Tod jegliche Ereignisse und Handlungen im Leben des Menschen ihre Bedeutung für ihn verlieren. Kein potenzielles Ziel im Leben ist von objektiver

Bedeutung, daher muss auch nichts erreicht, gelernt oder erlangt werden. Jeder Mensch wird geboren und jeder Mensch stirbt. Diese Einschätzung kann bei erster Betrachtung aufgrund der offenkundigen „Sinnlosigkeit" des Lebens zunächst ernüchternd wirken.

Aus einem anderen, optimistischen Blickwinkel heraus betrachtet, eröffnet dies unbegrenzte Gestaltungsmöglichkeiten für das Individuum. Nichts ist festgelegt, alles ist erlaubt. Es gibt kein jüngstes Gericht. Die einzige Verantwortung, die es gibt, muss man zu Lebzeiten tragen. Niemand hat das Monopol auf moralisch richtige Handlungen. Es gibt nur weltliche Autoritäten, die über nichts anderes herrschen, als über einen mikroskopischen Teil der materiellen Existenz. Das Universum ist von unvorstellbarer Größe und der einzelne Mensch vollkommen unwichtig und keine übernatürliche Bürde lastet auf seinen Schultern. Was könnte befreiender sein?

3.22 Schicksal

Schicksal ist ein Begriff, der leicht missverständlich verwendet werden kann. Im Rahmen der mechanischen Philosophie könnte man von Schicksal sprechen, um den notwendigen Ablauf der Ereignisse zu beschreiben, die auf einen Menschen im Laufe seines Lebens einwirken. Gemäß des deterministischen Prinzips ist jedes Ereignis eine notwendige Folge der jeweiligen Vorbedingungen. Unabhängig von der subjektiven *Qualität* der Ereignisse, die ihn treffen, geht jeder Mensch seinem unausweichlichen Schicksal entgegen. Problematisch ist jedoch die fehlerhafte Gleichsetzung der Begriffe „Ursache" und „Zweck".

Dies lässt sich auf die mangelnde sprachliche Differenziertheit des Wortes „Grund" zurückführen. Spricht man also von den Gründen eines Ereignisse, dann kann es sich dabei richtigerweise nur um die tatsächlichen *Ursachen* handeln. Interpretiert man hingegen Zwecke so, dass sie als Begründungen für Ereignisse dienen, begeht man einen Fehlschluss und sitzt einem Aberglauben auf. Früher glaubten die Menschen auch, dass Tieropfer eine gute Ernte brachten und höhere Mächte sie mit Missernten strafen (Zweck) würden, wenn diese ausblieben. Anders ist es selbstverständlich bei jeglichen Ereignissen im zwischenmenschlichen Bereich. Hier spielt zielgerichtetes Handeln natürlich eine zentrale Rolle.

Manche Menschen glauben aufgrund ihrer religiösen Überzeugung, dass Sie durch bestimmte Ereignisse sozusagen auf die Probe gestellt werden. Geschieht ihnen (aus ihrer Perspektive) etwas Schlechtes, dann *sollte* es ihnen geschehen, um z.B. ihren Glauben zu prüfen oder ihnen eine bestimmte Lektion zu erteilen. Das ist für sie der „Grund" für das Ereignis (Ausrichtung auf ein Ziel).

Ein Atheist würde eine solche Überlegung nicht anstellen, da er nicht an eine Macht glaubt, die sein

Leben zielgerichtet beeinflusst. Somit kommt für ihn nur die Analyse der wahren Ursachen des Ereignisses in Frage, weshalb er einer Wiederholung des Ereignisses vorbeugen kann und keine unbegründete Schuld empfindet. Für ihn liegt der Grund eines Ereignisses lediglich in den Ursachen, die tatsächlich zu dem Ereignis geführt haben, nicht in einem hypothetischen Zweck.

Der Grund für einen Apfel, vom Baum zu fallen, besteht in seiner Masse und dem Gesetz der Schwerkraft, die ihn in Richtung Erdoberfläche zieht. Es wäre hingegen falsch zu behaupten, der Grund besteht dagegen in der „Absicht" des Baumes, sich über die im Apfel enthaltenen Samen zu vermehren. Im Determinismus gibt es – unabhängig von den Handlungen von Mensch und Tier – keine Ereignisse, die einer geplanten Vorgehensweise folgen, d.h. auf ein bestimmtes Ziel ausgerichtet sind. Ereignisse laufen nicht auf eine bestimmte Art und Weise ab, weil sie absichtlich gelenkt werden. Stattdessen bestimmen die Naturgesetze die Ergebnisse aller Prozesse im Universum.

Für den Menschen bedeutet das konkret, dass er berechtigterweise hoffen kann, auf die Ereignisse Einfluss nehmen zu können. Natürlich kann er sich nie sicher sein, dass sein Handeln tatsächliche Auswirkungen auf das letztendliche Ergebnis haben wird. Allerdings verbietet sich aufgrund dieser Erkenntnis auch eine mutlose Haltung, wie sie dem Fatalismus entspringen kann. Im Determinismus weiß der Mensch, dass er dazu beiträgt, sein unausweichliches Schicksal zu formen. Jede noch so kleine Aktion kann einen wichtigen Impuls in seinem Leben bedeuten. Im Fatalismus dagegen glaubt der Mensch fälschlicherweise, dass es letztlich ohne Belang ist, was er tut, da sein Schicksal *unabhängig* von seinen Handlungen vordefiniert ist. Ein schwer kranker Determinist geht demnach davon aus, dass es bereits feststeht, ob er sich von seiner Krankheit erholen wird oder nicht. Dennoch wird er seinen

Arzt aufsuchen, weil diese Aktion für das erhoffte, positive Ergebnis wichtig sein *könnte*. Natürlich kann es sein, dass ihm der Arzt nicht helfen kann, aber das kann er nicht wissen. Der Fatalist dagegen ist davon überzeugt, dass er stirbt oder überlebt, egal, ob er zum Arzt geht oder nicht.

3.23 Religion

Die Qualität der Religion für den Menschen begründet sich darin, einfache Antworten auf komplizierte und teils unergründliche Fragen anzubieten, und somit die eigene Existenz zu rechtfertigen. Sie liefert moralische Verhaltensregeln und legt dem Gläubigen ein bestimmtes Weltbild nahe. Gerade in Bezug auf die Frage, ob das eigene Handeln richtig oder falsch ist, sehen sich viele Menschen nicht in der Lage, eine zuverlässige und sichere Antwort zu finden. Anstatt selbst moralische Handlungsweisen zu definieren, kann der Mensch zur Religion greifen und den in ihr beschriebenen Vorstellungen folgen. Ob die als *richtig* definierten Verhaltensregeln befolgt werden oder nicht, hängt vom Willen des Menschen und dessen Beeinflussbarkeit durch Erziehung ab.

Religion gibt einen klar definierten Lebenssinn vor, kann sich jedoch – aus Ermangelung eines objektiven Lebenssinns – nur auf letztlich willkürlich gefasste Überzeugungen und Lehren stützen. Ganz im Gegensatz zur Erwartung des Gläubigen zeigt sich der tatsächliche Effekt der Religion lediglich im Diesseits und nicht in einer Existenz nach dem Tod. Bei Religionen handelt es sich somit um Glaubensangebote, die sich selbst stets auf die Wahrheit berufen und einen Anspruch auf Allgemeingültigkeit erheben. Sie verfügen jedoch über keine Grundlage in der natürlichen Welt.

Religionen liefern oftmals auch Erklärungen für Ereignisse, die durch wissenschaftliche Methoden schwer zu analysieren sind. Dies schließt insbesondere auch die Entstehung der Welt, beziehungsweise des Universums, ein. Eine ebenso weit verbreitete wie falsche Aussage ist die Behauptung, Nichtgläubige würden die Entstehung des Universums auf einen großen →Zufall zurückführen, weil sie nicht an einen Schöpfer glauben. Der Begriff Zufall selbst ist ein irrationales Konzept und dient – ähnliche wie die Erklärung der Religion – als eine Art Platzhalter, wenn für eine bestimmte Situation keine rationale Erklärung nach dem Prinzip von Ursache und Wirkung gefunden werden kann.

Doch auch wenn die Entstehung der Welt, beziehungsweise die *Existenz* selbst, nicht lückenlos erklärt werden kann, bedeutet das nicht automatisch, dass sie auf eine übernatürliche Kraft zurückzuführen ist. Die Annahme, dass auch hier bestimmte Gesetzmäßigkeiten ausschlaggebend waren, liegt zumindest näher als der Einsatz eines hypothetischen Gottes. Es ist keinesfalls notwendig, Gott (im Sinne einer „Urkraft", bzw. „ersten Ursache") zu widerlegen, um die Lehren jeder beliebigen Religion als unbegründet zurückzuweisen.

Letztlich basieren alle religiösen Leitsätze bezüglich menschlicher Verhaltensweisen auf Dogmen, die willkürlich festgelegt, jedoch Gott zugeschrieben werden. Die besondere Qualität religiöser Lehren wird mit ihrer Zugehörigkeit zu einer heiligen Schrift begründet. Dabei ist jedoch nicht erklärbar, warum eine Religion allen anderen vorgezogen wird. Allein aufgrund der Tatsache, dass ein Christ die Bibel, jedoch nicht die Bhagavad Gita der hinduistischen Gläubigen als göttliche Wahrheit anerkennt, betrachtet er seinen Glauben als wahr und den Hinduismus als falsch. Jeder Gläubige ist somit auch immer ein Atheist, und zwar, wenn es sich um alle anderen Religionen und Glaubenssysteme handelt.

Es gibt keine triftigen Gründe und auch keine Notwendigkeit für die Existenz Gottes. Doch auch wenn es einen Gott gibt, hat dieser – unabhängig vom

Glauben – offenbar keinen spürbaren Einfluss auf unser Leben und auf unsere Umwelt. Alle potenziell sinnstiftenden Elemente innerhalb religiöser Lehren entspringen menschlichen Interpretationen antiker oder zeitgenössischer Texte und gründen sich somit auf willkürliche Aussagen. Diese Standpunkte sind nicht mehr oder weniger als jede andere individuelle Sichtweise geeignet, den Sinn des Lebens zu definieren oder das Gute vom Bösen zu trennen.

Ob jemand in seinem Handeln den angeblichen Grundsätzen eines Gottes oder lediglich seinen eigenen Ansichten folgt macht letztlich keinen maßgeblichen Unterschied. Außerdem ist kaum ein Begriff so unklar definiert wie „Gott". Zwar häufen sich einige zentrale Eigenschaften in den unterschiedlichen Interpretationen, doch sind sich die Religionen bezüglich der Details uneins. Solange keine klare Definition der Erscheinung „Gott" vorgelegt werden kann, erübrigt sich auch jede Überlegung zu seiner potenziellen Existenz und den sich daraus ergebenden Konsequenzen.

Für den einzelnen Menschen und auch für Gemeinschaften kann eine Religion in der Praxis stabilisierend und positiv wirken. Letztlich muss für diese Sicherheit aber immer ein bestimmter Preis gezahlt werden. Je mehr sich ein Mensch durch Religion von der Natur entfremdet und unbegründete Lehren als Wahrheit annimmt, desto anfälliger ist er für Vorurteile, Manipulation und falsche Schlussfolgerungen. Über das Gewissen züchtet sich der Mensch einen Feind in seinem eigenen Körper heran, der ihn fortan quält, wann immer er gegen die anerzogenen Lehren verstößt.

Sex wird – aus sich selbst heraus – nicht plötzlich unangenehm, nur weil er vor der Eheschließung stattfindet. Er wird jedoch bei all jenen Menschen Schuldgefühle auslösen, die sich aufgrund ihrer Erziehung oder ihrer eigenen Überzeugung einreden, dass eine Ehe die Bedingung für diese Art der Zärtlichkeit ist. Dies ist jedoch vollkommen überflüssig, wenn man bedenkt, dass die Begründung für diese Regel nur auf eine beliebige Festlegung zurückgeht. Ein Mensch mit einer solchen Überzeugung wird ohne Grund entgegen seiner biologischen Tendenz leben und unnötigerweise unter seinen widerstrebenden Wünschen leiden. Etwas anderes ist selbstverständlich der Verzicht auf außerehelichen Sex, den man sich selbst aus Liebe und Treue zu seinem Partner auferlegt. Der ausschlaggebende Aspekt ist hier kein willkürlicher Glaubenssatz, sondern die praktisch vorhandene Beziehung zu einem Menschen.

Die Religion kann im Ergebnis eine Vielzahl von negativen Folgen nach sich ziehen. Abhängig von der Art der Religion und ihrer Funktionsweise kann die Gefahr des Missbrauchs sehr hoch sein. Dies wird oftmals auch bei den Handlungsweisen bestimmter Sekten deutlich. Denn wie eine Gesellschaft kann sich auch eine Religion sehr unterschiedlich auswirken. Je mehr der Glaube auf die Natur des Menschen eingeht und je besser dieser mit den Erkenntnissen der Naturwissenschaften vereinbar ist, desto unschädlicher ist er. Dennoch kann die Hinwendung zu Religion und Aberglauben nicht empfohlen werden, da dieser Schritt letztlich immer mit einem gewissen Maß an Fehlinformation einhergeht. Ein suchender Mensch wird alle Antworten, die er benötigt, in der ihn umgebenden Natur finden. Bei ihr kann er die Wahrheit aus der Quelle schöpfen und ist nicht auf willkürliche Lehren angewiesen.

4 Zusammenfassung

Zum Abschluss des Buches sollen noch einmal die wichtigsten Aussagen bezüglich der praktischen Seite der mechanischen Philosophie wiederholt werden. Diese enthalten jene Erkenntnisse, die sich am stärksten auf das Leben des Menschen auswirken. Gleichzeitig basieren sie alle auf den zuvor erläuterten Grundlagen. In diesem letzten Abschnitt sind auch neue und weitreichendere Schlussfolgerungen enthalten, die in den vorhergehenden Kapiteln noch nicht formuliert oder nur angedeutet wurden. Aus diesem Grund dient die Zusammenfassung auch als Sammlung von Ratschlägen und Hinweisen, die aus sich selbst heraus einen möglichst umfassenden Überblick bieten sollen.

- Es gibt keinen Zufall, nur fehlende Gewissheit. Ein Ereignis dem Zufall zuzuschreiben, bedeutet, die tatsächlichen Ursachen für dieses Ereignis nicht zu erkennen.

- Die Unterscheidung zwischen natürlichen und künstlichen Dingen beruht auf willkürlichen Kriterien. Der Mensch hat das Reich der Natur nie verlassen und kann somit nichts erschaffen, was nicht auch als natürlich zu definieren ist.

- Urteile über positive oder negative Ereignisse entstehen erst durch die Interpretation des Menschen. Nichts wird aus sich selbst heraus gut oder schlecht wahrgenommen, außer Lust und Schmerz.

- Das persönliche Glück erfordert nichts anderes, als die eigene Überzeugung, glücklich zu sein. Das bedeutet jedoch nicht notwendigerweise, dass es leicht ist, diesen Zustand zu erreichen.

- Jeder Mensch verfügt über einen anderen Körperbau und eine andere Psyche. Auf dieser Basis ergeben sich notwendigerweise alle Unterschiede, die Menschen anders denken, fühlen und handeln lassen.

- Es ist nicht nur unmöglich, seinem eigenen Willen entgegen zu handeln, der Gedanke selbst ist unlogisch. Jede Entscheidung entspringt aus dem Willen des Menschen, unabhängig von den jeweiligen Einflussfaktoren.

- Der Einfluss des Menschen auf sich selbst und seine Umwelt ist stark eingeschränkt. Dadurch erübrigen sich jedoch auch alle Sorgen über Ereignisse, die nicht in unserer Hand liegen. Diese werden ohnehin eintreten und wir können nichts dagegen ausrichten.

- Der Wille des Menschen ist niemals frei. Kein Mensch kann sich den Weg zu seinem persönlichen Glück oder die Art seiner Wahrnehmung auswählen.

- Jeder Mensch strebt nach Lust. Lediglich die persönlichen Unterschiede zwischen den Menschen führen dazu, dass sich diese Lust hinter den verschiedensten Masken verbirgt.

- Die Summe von Lust und Schmerz ist das einzige Kriterium für die Beurteilung von Handlungen.

- Das Befinden des Menschen ist das Ergebnis aus dem Streben nach Lust abzüglich der negativen Empfindungen, die durch die eigenen Handlungen ausgelöst werden. Ziel ist immer die Maximierung der Lust und die Minimierung des Leids.

- Jede Verbesserung der Lebensqualität führt mit der Zeit zu einem Gewöhnungseffekt. Ein spürbarer Zuwachs an Freude kann nur durch eine weitere Steigerung des Standards erreicht werden, wobei diese zunehmend schwerer zu realisieren ist. Zufriedenheit wird dauerhaft, wenn der Mensch nichts von dem Guten, das ihn bereits umgibt, als selbstverständlich betrachtet.

- Stellt sich der Mensch regelmäßig vor, das zu verlieren, was ihm im Leben wichtig ist, dann hat dies zwei Effekte: einerseits weiß er diese Dinge besser zu schätzen und andererseits ist er besser vorbereitet, sollte er sie tatsächlich verlieren.

- Alles Gute im Leben kann jederzeit verloren gehen, auch das Leben selbst. Wie so vieles liegt es zumeist nicht in der Hand des Menschen, dies zu verhindern.

- Ausschweifungen stellen Versuche dar, einen unmöglichen Standard der Lust aufrecht zu erhalten. Kurzen Phasen des Genusses werden durch das unausweichliche Scheitern dieser Versuche ausgeglichen.

- Übermäßig positive Erwartungen können leicht enttäuscht werden, während übermäßig negative Erwartungen Leid ohne jeden Schaden erzeugen. Mit einer möglichst realistischen Erwartungshaltung in Kombination mit einer positiven Betrachtungsweise der tatsächlichen Ergebnisse leistet man sich selbst den besten Dienst.

• Eigeninteresse ist die einzig wahre Triebfeder für menschliches Handeln. Jede Handlung wird nur aufgrund der positiven Auswirkungen ausgeführt, welche diese auf den Menschen haben. Niemand kann diesem Effekt entgehen, weshalb diese eigennützige Haltung aus objektiver Sicht als moralisch neutral zu betrachten ist.

• Der Mensch verfolgt seine Ziele zwar auf eine rationale Weise, jedoch folgt sein Leben an sich keiner zweckmäßigen Strategie, um ein objektiv begründbares Lebensziel zu erreichen. Jede Meinung über einen Lebenssinn basiert letztlich auf Willkür und kann nicht verallgemeinert werden.

- Wenn es keinen objektiven Sinn des Lebens gibt, kann ein Leben niemals scheitern. Denn wenn es kein „richtig" gibt, dann gibt es auch kein „falsch". Dies befreit den Menschen von einem großen Druck, für den es keine vernünftige Begründung gibt.

- Die Bedeutung einzelner Ereignisse verschwindet in Anbetracht unseres gesamten Lebens. Die Bedeutung unseres Lebens verschwindet in Anbetracht des gesamten Universums.

- Jeder Mensch ist in jedem Augenblick bereits vollkommen, jedenfalls so vollkommen, wie er zu einem gegebenen Zeitpunkt sein kann. Wenn der Mensch in seinem Leben nur einen Weg beschreiten kann, ist ein Ab-

weichen unmöglich und ein Fehltritt ausgeschlossen.

- Betrachtet man jeden Menschen als Individuum, kann über dessen Charakteristika
nicht mehr geurteilt werden. Nur im Vergleich mit anderen erscheinen diese Eigenschaften als Schwäche oder als Vorteil.

- Geschehenes kann nicht rückgängig gemacht werden, es bleibt nur die Akzeptanz.
Reue, Ärger und Schuldgefühle sind zweck-
los, da sie die Vergangenheit nicht ändern
können. Stattdessen erzeugen sie unnötigerweise zusätzliches Leid. Es bleibt nur die
Möglichkeit, das nächste Mal besser zu entscheiden.

- Manchmal wirken sich kurzfristige Rück-
schläge auf lange Sicht positiv aus. Auch

Hindernisse auf dem Weg können sich später als wichtige Meilensteine erweisen.

- Wenn ein Mensch mit seiner aktuellen Situation zufrieden ist, dann sollte er nicht an seiner Vergangenheit zweifeln. Alle vergangenen Ereignisse waren notwendig, um den Ort zu erreichen, an dem er sich heute befindet.

- Jedes Wesen wählt in jedem Moment immer die Handlung, welche ihm als die bestmögliche Option erscheint. Selbst wenn die getroffene Entscheidung bereits im nächsten Augenblick bereut wird, so war es doch für den Moment die einzig mögliche Wahl. Es ist also widersinnig, seine Handlungen zu bereuen.

- Selbstmitleid ist auf lange Sicht äußerst schädlich für das eigene Wohlbefinden, da es die eigene Überzeugung schürt, ein Opfer zu sein. Durch den subjektiven Eindruck, Leid erlitten zu haben, wird das Leid real. Darum sollte diese Denkweise unbedingt vermieden werden.

- Die Meinungen anderer Menschen lassen sich nicht steuern. Es ist nicht empfehlenswert, das eigene Glück vom Zuspruch seiner Mitmenschen abhängig zu machen.

- Der Mensch sollte seine Aufmerksamkeit hauptsächlich auf die Gegenwart lenken. Während die Vergangenheit nicht mehr korrigiert werden kann, lässt sich die Zukunft noch nicht zuverlässig beeinflussen. Planung ist sinnvoll und sollte betrieben werden, doch können gegenwärtige Ereignisse jede Planung zunichte machen.

- Ohne Willensfreiheit gibt es keine absolute Schuld. Es gibt jedoch die relative Verantwortlichkeit des Einzelnen für seine Handlungen. Auch wenn ein Mensch an seinen Handlungen keine objektive Schuld trägt, kann er dennoch aufgehalten werden.

- Da Menschen grundsätzlich in der Lage sind, das Ergebnis ihrer Handlungen zu reflektieren, können Anreize und Strafen wirken. Aus diesem Grund kann es sinnvoll sein, Menschen für bestimmte Taten zu bestrafen. Diese Strafen sollten jedoch an ihrer Nützlichkeit gemessen werden, während bloße Racheakte zu vermeiden sind.

- Sowohl die Gesellschaft als auch das Individuum haben ein berechtigtes Interesse, sich selbst zu schützen. Dies schließt auch Strafmaßnahmen und Selbstverteidigung ein.

- Alle Fähigkeiten, Eigenschaften und sogar Besitztümer des Menschen gehen letztlich auf die Geschenke der Natur zurück. Zusammen mit der Nichtexistenz des freien Willens hat dies grundsätzliche Auswirkungen auf die Wahrnehmung einer gerechten Gesellschaft.

5 Nachwort

Die Ursprünge der mechanischen Philosophie reichen bis in das 17. Jahrhundert zurück, auch wenn sie ihren vorläufigen Höhepunkt erst im 18. Jahrhundert erreichte. Einige ihrer zentralen Ideen sind jedoch – wie eingangs erwähnt – noch bedeutend älter und werden einigen Philosophen aus der griechischen Antike zugeschrieben. Der wissenschaftliche Fortschritt ab dem Ende des 19. Jahrhunderts und später führte jedoch dazu, dass sich die Wissenschaft wieder von dem Bild des Universums als gigantische Maschine abwandte, und stattdessen nach neuen Erklärungen und Theorien suchte.

Es stellt sich jedoch die Frage, ob das mechanische Weltbild nicht trotzdem noch immer dazu geeignet ist, die Funktionsweise der Prozesse im Universum – zumindest in vereinfachter Form – zu beschreiben. Die Systemtheorie wandte sich gegen den angeblichen Reduktionismus (d.h. die isolierte Betrachtung von Einzelelementen ohne ihre Verflechtung in einem Ganzen) im mechanischen Weltbild und forderte eine ganzheitliche Betrachtung. Doch wie könnte die mechanische Philosophie überhaupt gedacht werden, wenn man dabei nicht die natürlichen und determinierten Wechselwirkungen aller Ereignisse und Objekte untereinander notwendigerweise mit einschließt?

Andere Theorien entstanden, weil die Menschen an die Grenze ihrer Erkenntnisfähigkeit gelangten. Die Chaosforschung, die sich im Wesentlichen mit der

Vorhersagbarkeit von Vorgängen befasst, stellte fest, dass selbst geringste Veränderungen in den Ausgangsbedingungen oder in den Prozessverläufen zu massiven Auswirkungen in Bezug auf das Resultat und den Ablauf der Vorgänge führen können. Eine Erkenntnis, die mit dem mechanistischen Weltbild in keinster Weise in Konflikt steht. Die aktuell vorherrschende Interpretation der Quantenmechanik (also dem Feld der Mechanik, in dem das Verhalten von Teilchen im subatomaren Bereich untersucht wird) geht davon aus, dass quantenphysikalische Vorgänge *nicht determiniert* sind. Nicht ausgeschlossen ist jedoch, dass der scheinbare Widerspruch mit dem Determinismus viel mehr den begrenzten Messmethoden des Menschen und nicht einem tatsächlichen Indeterminismus zuzuschreiben ist.

Die Kritik an der mechanischen Philosophie aus diesen Richtungen zeigt, dass Argumente gegen ihre praktischen Schlussfolgerungen ins Leere laufen.

Denn selbst wenn sich die Existenz des Indeterminismus letztlich bewahrheiten sollte, so ist dieser wohl kaum geeignet, dem Menschen einen freien Willen zu verschaffen. Sicherlich wurde das mechanistische Weltbild im Rahmen dieser Kritik selbst ungerechtfertigterweise reduziert und bis zur Unkenntlichkeit vereinfacht. Die häufige Vermengung von Determinismus und der Vorhersagbarkeit von Ereignissen ist maßgeblich für die missverständliche Interpretation der mechanischen Philosophie verantwortlich.

Auch wenn es dem Menschen schwer fällt, seine eigene Beschränktheit zu akzeptieren, so muss letztlich doch klar sein, dass es wohl immer Phänomene geben wird, für die keine belastbare Erklärung formuliert werden kann. Aber nur für eine schlüssige Theorie jene Gesetzmäßigkeiten zu ignorieren, die auf makroskopischer Ebene als gesichert gelten, kann nicht der richtige Weg zu einer konsequenten, praktischen Sicht auf die Welt sein. Selbstverständlich wird die Wissenschaft immer neue und weitreichendere Entdeckungen machen, doch unabhängig davon ist die mechanische Philosophie dennoch dazu geeignet, den Menschen von seinem primitiven Exzeptionalismus (d.h. der Überzeugung einer Einzigartigkeit gegenüber der übrigen Natur) zu befreien. Obwohl er die intelligenteste Lebensform der Welt verkörpert, so kann er darüber hinaus keinerlei Sonderstellung für sich beanspruchen.

Nicht zuletzt die verbliebene Hoffnung einiger Menschen, vielleicht doch einen göttlichen Funken in sich zu tragen oder gar den freien Willen zu retten, wird den Ausschlag zu einer Flucht vom Universum als Uhrwerk gegeben haben. Man kann sich jedoch nicht nur zur Hälfte der Natur verschreiben. Eine nüchterne Analyse zwingt uns der Tatsache ins Gesicht zu sehen: Wir sind lebendige Maschinen, die sich wie auf Schienen durch ihr Leben bewegen. Es liegt an uns, unser Leben in Kenntnis dessen und der Natur so erfüllt und schön wie möglich zu gestalten.

6 Anmerkungen zur 4. Auflage

Das vorliegende Buch erschien erstmals im Jahr 2019 und wurde daraufhin zweimal geringfügig überarbeitet. Neben dem Austausch des Covers wurden im Wesentlichen nur kleine Verbesserungen am Text vorgenommen und Fehler korrigiert. Die 4. Auflage widmete sich einem anderen Ziel.

Die in den früheren Auflagen vorhandenen Textpassagen, welche die Begriffsinhalte des *psychologischen* und des *ethischen* Hedonismus vermischten, wurden einer Prüfung unterzogen und entsprechend klargestellt. Es wurde deutlich, dass allein aus der Tatsache, dass jedes Lebewesen (und damit auch der Mensch) allein die Erzeugung von Lust und Schmerz als Bewertungsgrundlage für Handlungen nutzt, nicht als Begründung eines normativen (also normsetzenden) *ethischen* Hedonismus dienen kann. Im Gegensatz zu dem wiederholt in diesem Buch dargelegten Standpunkt, dass Moral über keine Grundlage jenseits der subjektiven Wahrnehmung des Menschen verfügt, zählt der ethische Hedonismus zu jenen Moraltheorien, die einen *objektiven* Maßstab für moralische Handlungen verteidigen. Dieser besteht hierbei in der Befolgung des Lustprinzips unter Berücksichtigung aller beteiligten Lebewesen (Ausnahme: egoistischer Hedonismus).

Unter Beachtung des Ursprungs und der Rolle der Moral in menschlichen Gesellschaften erscheint dies jedoch als eine falsche Schlussfolgerung. Moralisch zu sein bedeutet demnach nicht, die Summe des Wohlergehens aller Betroffenen zu maximieren, sondern lediglich aus Gründen des eigenen Lustgewinns bestimmten Überzeugungen entsprechend zu handeln. Diese Aussage wurde in der 4. Auflage des Buches verdeutlicht.